大器晩成型キャリアのすゝめ

76歳で上場を果たした
遅咲き社長

広瀬克利
HIROSE KATSUTOSHI

幻冬舎MC

大器晩成型キャリアのすゝめ

76歳で上場を果たした遅咲き社長

はじめに

２０１８年3月15日、鳴り響く鐘の音に包まれ、多くの仲間たちからの祝福を受けながら、私が社長を務めていた会社は東証マザーズ上場を果たしました。このとき私は76歳で、ＩＴ関連のベンチャー企業などでは20代の社長が上場を成し遂げる時代において、かなりの高齢でした。

80歳を過ぎた今振り返ると、ビジネスマンにとってさまざまなキャリアがあるなかで、私の人生は遅咲きだったといえます。小さい頃は社長になって会社を上場させたいなどと思ったことは一度もなく、科学者を志望していました。大学院の修士課程を卒《お》えて化学会社の研究部に就職することができ、まさに理想どおりの人生を歩んでいました。ところが、入社して3年目に工場の立て直しのために生産部に異動となり、同時に人事部からの依頼で高校生の求人対応の仕事も任されることになったのです。さらに8年後には営業部の立て直しのため営業開発課長として取引会社との折衝に明け暮れる毎日を過ごすことになりました。

一人で黙々と研究をすることが得意だった私にとって、これはどれ一つとっても好きな仕事ではなく、もともと人を相手にする仕事は不向きだと思っていたため、新しい部署に向かうのも嫌々でした。

やりたくない仕事や向いていない仕事を続けることは簡単ではありません。同僚のなかには、やりたい仕事ではないからと言って職場を去っていった人もいます。これも一つの人生かとは思いますが、私は辞令を受け入れ、新しい部署で自分の力を発揮することに全力を注ぎました。一生懸命取り組んでいると不思議なことに、不向きだと思っていた仕事もだんだんと面白く感じられるようになったのです。

生産の仕事、取引先との折衝、求人活動、人事の仕事、経理の仕事も自ら学び、対応できるようになりました。そしていつの間にか、嫌な仕事は好きな仕事になり、自分自身のモチベーションも向上し、成果も社員や会社の評価も上がっていったのです。

仕事において大切なのは、まずは真正面から向き合って、自分の能力を向上させることです。そうして得た能力は宝物になります。

入社して17年後、役員内での権力闘争の末に営業や技術を軽視するようになった会社と路線対立し、私は43歳で起業しました。そして、研究・製造・営業とさまざまな部署で経験してきたことが、あらゆる場面において社長業に活かされていることに気づいたのです。もちろん、会社に残留していたとしてもそれらの経験は活かされたはずであり、18年間ビジネスマンとして取り組んできた仕事は、すべてに意味があったと感じています。

そして起業から33年後、私の会社はついに東証マザーズにて上場を果たすことができました。人間は誰しも、将来思いもよらない成果を生み出す可能性をもっています。それが開花する時期は人それぞれであり、決して焦る必要はありません。成功するまでに時間が掛かってもよいのです。やりたい仕事ではなくても逃げずにやり抜くことが自分自身の成長につながり、その経験がいつか大輪の花を咲かせるのです。

遅咲きの起業家である私の経験が、現在の業務や役職に不満を抱えていたり、どこか居心地の悪さを感じながら働いていたりする人たちにとって少しでも参考になればと思い、本書の執筆に至りました。

本書が読者にとって、自身のキャリアを考えるうえでの参考となれば、著者として望外の喜びです。

目次

おかれた場所で貪欲に取り組んだビジネスマン時代

第2章 研究・製造・営業……さまざまな部門でキャリアを積む

第3章

43歳、会社と路線対立の末にたった3人で起業 経営者としての一歩を踏み出し、わずか5年で売上10倍を達成する

第4章

零細企業から中小企業、中堅企業へ——
会社を発展させるために〝将来ビジネス〟を創造する

第5章 70歳を超えて挑んだ上場への道 次の世代へバトンをつなぐことが、社長としての最後の務め

第1章

43歳で起業、76歳で東証マザーズ上場
長い年月を経て大輪の花を咲かせた遅咲き社長

18年のサラリーマン生活を経て起業

２０２３年現在、80歳を過ぎた私は自身で設立した化学薬品の開発・製造を行う神戸天然物化学の最高顧問を務めています。私がこの会社を創業したのが１９８５年１月、そして東京証券取引所（東証）マザーズに上場したのが２０１８年３月です。上場した当時は私が代表取締役を務めていたのですが、その時点ですでに76歳を迎えていました。

近年は20代の若手経営者がスピード上場を果たした、などといったニュースが話題にのぼることも多いなか、実に33年もの歳月をかけて、喜寿を目前に控えた年齢で上場した私の経歴は異色であるようにも思えます。

若い頃は目立つような存在ではなくても、さまざまな経験を積んで実力をつけ、少しずつ高みを目指していく……振り返ってみると、そんな、大器晩成型のキャリアが私の生き方に合っていたのだと思うのです。

私がそれまで勤めていた会社を辞めて新たに会社を興したのは43歳のときでした。サラリーマン生活は18年を数え、すでに家庭を築いており、妻と中学生になる息子、小学生の娘を抱えていました。当然、私が起業することについて妻は猛反対し、周囲からも冷ややかな目で見つめられたものです。まだ昭和の時代で、一度就職すればそのまま定年まで勤めているのが一般的とされる世の中でした。会社で嫌なことがあってもぐっと耐え続けていればやがて退職金を受け取りのんびりと暮らせる、何を好き好んで苦労したがるのか、会社の同僚からはそのような言葉を浴びせられたこともありました。

ただ、そのときの私はもうサラリーマンとして勤めていくことに我慢できなくなっていたのです。

私が勤めていた会社は戦前から続く神戸の工業薬品会社で、社員の多くは研究者、技術者でした。規模はそれほど大きくありませんが、戦前には貴重とされた樟脳《しょうのう》を扱っていて、その分野ではかなり知られた企業でもあったのです。

組織内ではそれなりに複雑な人間関係が形成されていて、長年勤めているとその網にからめとられてしまいます。私が勤めている間にも内部で権力闘争が起こり、多くの優秀な社員が辞めていきました。当時力をもっていた取締役は会社を支えてきた研究者や技術者を軽視し、経費の節減やリストラの敢行によって利益を増加させる経営戦略を推進していたのです。短期的に見ると確かに会社の経営収支は安定し、黒字幅は大きくなっていました。しかし、長い目で見れば明らかに誤った戦略だったと言わざるを得ません。技術によって成り立ってきた会社がその技術を手放してしまうのですから、5年先、10年先にどうなっているのか見当もつかない状態でした。

私は研究者として入社し、初めこそ研究部に所属していました。しかし、生産部や営業部の立て直しを命じられ、これらの部署への異動を経験しました。本来ならば研究室で専門としていた有機物質の合成や精製にひたすら取り組んでいるはずだったのですが、生産部、営業部と自分自身が経験のない部署で仕事をこなさなくてはならなくなったのです。

それでも化学の勉強は続けていましたし、一人の研究者としての熱い思いは胸の奥にもち続けていました。そのため社内で路線対立が顕在化したときも、会社としての将来を考えるなら研究者や技術者を軽んじてはいけないだろうと強く感じていたのです。いずれは自分も研究部に戻って研究に専念できるだろう、私の頭の中にはそんな淡い期待のような考えもありました。

その頃、私と同じように会社の方針に反対する人たちから、一緒に闘おうと誘われたこともありました。研究者としての経験をもっているうえにさまざまな部署とつながりのある私なら、リストラ派に対しても対抗できると思われたのだろうと想像します。

しかし、私はそのような闘争に関心がもてませんでしたし、あまりに時間を浪費してしまうように思えてなりませんでした。多大な時間と、そして膨大なエネルギーを費やすほどの意味があるのか、そのように考えたのです。当時の私はすでに40歳を過ぎており、人生の残り時間を見据える年代に入っています。対立する相手と議論したり、あるいは仲間の輪を広げていったりと、どれほどの労力と時間が掛かるのか見当もつきません。それならば自分で会社を立ち上げて、自分の掲げた方針のもとに経営を行うほうがよいのではないかと思えてなりませんでした。別の会社に勤めたところで同じことを繰り返すだけだとも思っていたので、転職の道は初めから考えに入っていませんでした。自分一人で、小さな研究室だけの会社を興し、技術力を軸とした経営をしていきたい——そのように思ったのです。

それが、40代にして起業を決断した最も大きな理由でした。

私の考えが正しいことを証明するためには、勤めていた会社以上にすばらしい会社をつくり、規模も大きくしよう。そのことは常に念頭においていました。

うれしいことに私の考えに賛同してくれた同僚と部下がいて、結局は3人で起業することになりました。私が社長を務め、ほかの2人は取締役としてのスタートです。

与えられた役割から逃げることなく必死に取り組む

自信はありました。前の会社で培ったさまざまな部署での経験があったからです。

私は元の会社でほぼすべての業務を経験しました。生産部では工場のライン管理から安全対策、在庫管理や製品の原価計算もできるようになりましたし、現場で働く人たちとの交流もあり、彼らがどのような気持ちで働いているかも把握していました。その後に移った営業部では、もともとはとても私には無理だと思っていた外回り営業や折衝、売り込みなども行っています。ここでは製品について詳しい知識をもつ研究者であることがプラスに働き、壊滅状態だった営業部を立て直すことができました。また、時には地方の工業高校を回っては社員募集のプレゼンテーションも担当するという人事部のような業務にも手を貸しています。このときに入社した人たちが大事な部下に育っていきました。

入社3年目には製造課の立て直しのために転勤命令が出ました。なぜ自分が工場に行かなくてはならないのか、研究室で働くために入社したのではなかったか、興味のない仕事などやっていられない、などと感じたものです。

しかし、そうしたさまざまな部署での経験があったからこそ、私は起業家として成功をつかむことができたのだと今は思います。私の経験からいえば初めは嫌々ながらも、異動先で働いているうちに興味が湧いてきて、与えられた役割に一生懸命取り組むようになります。そのようにして私はいつしか工場管理者や営業マンの仕事をこなし、さらに経理部や人事部の業務にも精通するひとかどのビジネスマンに育て上げられていたのです。

また私は、いくら急な異動であっても会社を辞めて実家に戻るという選択肢は考えませんでした。父は長男である私を後継者と考えていたのです。父は大家族主義的な古い商売のやり方で、私は幼い頃から仕事を手伝わされました。私はそんな父に批判的でしたし、もちろん後を継ぐ気もありません。勉強などしなくていいという父と、小学5年生のときから将来は研究者になりたいと夢見ていた私との確執は根強いものがあったのですが、さすがに私が大学から大学院に進む頃に父は私の志望を理解はしてくれたようでした。

そのような経緯があっての就職でしたから、簡単に辞めるわけにはいかなかったのです。とにかくまずは異動した部署で一生懸命に働いてみようと心に決めました。

この時期に脇目も振らず仕事に集中したことが、のちのち活きてくるのですが、当時はとにかく必死でそんなことには気づいていませんでした。

起業後は自社の発展だけを考え上場にこぎ着けた

私が同僚らと３人で起業をしたとき、資本金１０００万円は友人、知人、親戚縁者に声を掛けてかき集めました。私は退職金のすべてをつぎ込んでいます。商売もうまくいっていて羽振りが良かったはずの父は私の起業に猛反対し、１円の援助もしてくれませんでした。

会社は倉庫のような小さい建物で、実験台は一つしかありませんでした。仕事は受託研究とかサンプル合成だけです。時には研究開発とはなんの関係もない力仕事のような業務を頼まれることもありましたが、その頃はなんでも引き受けました。収入がなければ、当然社員の給与も支払えないからです。

役割分担として、社長の私が外回り営業や経理、事務方の仕事をすべて引き受けました。あとの２人が主に研究開発作業に取り組むようになりましたが、もちろん私も時間があれば研究を実施しました。このときもかつての会社での経験が活かされたのです。相手が大企業だろうと中小企業だろうと、営業活動のためと思ってなんのためらいもなく訪問できましたし、そこできちんと私たちの会社のことを説明し、仕事も依頼しました。私は幼い頃から引っ込み思案のような性格でしたが、サラリーマンとしてさまざまな経験を積むうちに自らの性格も大きく変わっていったようでした。もちろん大きな企業の担当者に対しても決して卑屈になることなく、プライドと志だけは高くもって営業に臨みました。私のそうした態度を好ましいと思ってくれた人たちが少なからずいて、担当者や別の会社も紹介してくれたりしました。それでなんとか仕事がつながっていったように思います。

相手の担当者と経費の話になることもありますし、時にはサンプルとして渡される材料の化学反応について説明を受けることもあります。どのような局面にも対応できました。前の会社での18年間がまったく無駄になっていなかったと痛感し、いろいろな業務を経験させてくれたことに感謝したものです。もちろん、前の会社にも大きな貢献をしてきたので相互に良かったと思います。

こうして私は起業してから、とにかく自社の発展だけを考えて突き進んできました。その結果、リーマン・ショックや製薬業界の２０１０年問題の起きたあとには売上高が大幅に減少し、経常利益が一度だけ赤字になった年もありましたが、それ以外はずっと黒字経営を続けています。

起業当時に比べ成長スピードは落ちたものの、今後は新しく始める事業もいくつかあって、それらが主力商品となってくれるはずです。

世界的な経済恐慌となったリーマン・ショックの余波は私の会社をも襲いましたが、社員ともども耐えていくことでなんとか乗り切りました。そしてこのあと、計画していたそれぞれのビジネスステージを一つにまとめようと考え、そのための融資をスムーズに進めるためにも上場を目指すことにしたのです。

３年以上の準備期間を経て、２０１８年3月15日に東証マザーズ上場を果たしました。上場企業となり、より大きな飛躍へと希望を抱いていたこのとき、私は76歳になっていました。遅咲きと見るか、熟成の賜物と見るかは人それぞれです。ただ、70

代でもまだまだ元気にビジネスシーンで活躍できることを、私は多くの人に知ってもらいたいと願っています。

向き不向きで仕事を決めること

たいていの人は自分の考え方や向き不向きを当たり前のこととして受け入れています。かつては私もそうでした。自分で考えたことだから、これはもともと好きだったから、あるいは嫌いだから……それを起点として行動を決めていきます。

社会人になって間もない頃研究職だった私は、工場での製造管理などもやりたくないし、特に営業職として得意先と商談をしたり、新規顧客を開拓したりするのは絶対にできないと思い込んでいました。また、経理や人事の仕事も絶対にやりたくない仕事だったのが、のちにそうした部署に配属されるとは予想すらしていませんでした。

しかし、そういった仕事に対する向き不向きは、自分自身の勝手な思い込みに過ぎません。事実私は異動となり、とにかく自分なりに一生懸命に仕事をしていくうちに、初めに感じていた苦手意識というものはあまり意味がないと思うようになりました。どんなことでも全力で取り組めば必ず能力は向上し、思いがけない出会いや展開があったりしてその仕事の面白さに気づきます。知らずしらずその仕事に対する苦手意識はなくなっているはずです。こうしてその仕事をこなしてしまえば、向いていないと思っていたほかの仕事のハードルも低くなっているのです。また、別の仕事でも同じようなチャレンジを繰り返していけば、仕事の幅はどんどん広がっていきます。私はこの方式によって、自分に向いていないと思っていた仕事を克服していきました。

そもそもどうしてその仕事を向いていると思ったのか、あるいは向いていないと思ったのかを考えてみると、特に大きな理由があるわけではないことも多いのです。そのときは仕事に対する苦手意識ばかりが先に立ってしまうのだと思います。

勤めている会社で異動の辞令を受けた際も、業務の向き不向きを意識し過ぎないようにすればもう少しすんなりと受け入れられると思います。とにかくやりたくない、苦手だなどと敬遠ばかりしないで、あえて挑むことで、新たな自分に出会えるはずなのです。

第2章

おかれた場所で貪欲に取り組んだビジネスマン時代

研究・製造・営業……
さまざまな部門でキャリアを積む

化学の勉強に打ち込み、大学院から研究者の道へ

高校時代の私は、化学と生物が得意科目でした。当時は石油化学の人気が高く、技術者が不足していて、中学高校の理科の教師までそうした会社に引き抜かれることもあるような状況でした。これから化学分野全盛の時代が到来するだろうと予感したものです。一方、生物を専攻しても就職は難しいだろうといわれていました。そのため、私は化学科一本で受験することを決めました。

そして、関西学院大学理学部化学科への合格を果たしたのです。私はこの理学部の一期生でもありました。

大学の入学式には、学費も出してもらうので両親を連れて出席しました。理学部は新しいキャンパスでもあり、大学に足を踏み入れるのも初めてだったため両親は大喜びでした。特に父は学校の勉強は必要ないと言い張っていたのに、手放しで喜んでいました。私には父の性格が理解できません。

大学の4年間は新たにできた親しい友人たちとともに勉学に励みました。新しい学部であるため新進気鋭の教授や助教授がそろっていて、先生たちから聴く新しい化学の知識が新鮮でした。化学以外の専門書もよく読みました。数学や発生生理学、電子論や立体化学・構造解析論などなど、専門書は英語やドイツ語で書かれていることもあり、その方面の語学も学んでいきました。会話については難しかったのですが、専門の教科書を読むことはできるようになりました。

私はペプチド化学の研究室に所属していました。高校までの画一的な授業とは異なる世界で、毎日の学生生活はとても楽しいものだったのです。

化学科には60人ほどの学生が入学し、ストレートで卒業できたのは34人だけでした。留年や退学によって、結果的にほぼ半分にまで減ってしまったのです。私は分析化学で単位を落としそうになりながらも追試で合格し、なんとか4年で卒業することができました。

この時期、私には親しい友人が2人いました。2人とも優秀な学生で、一人は分析化学を専攻していました。彼は大学院で博士号を取得後、短期大学の教授となりました。もう一人は天然物化学を学んでおり、卒業後は製薬会社に就職して新薬の研究室に所属してウナギから抽出した成分からなる医薬品を作り出すことに成功したのです。私は大学院の修士課程に進むことを決めていて、念願の研究者への道を一歩ずつ歩み始めていました。

修士課程では必死で研究をしましたが、それほど大きな成果は得られませんでした。しかし、指導教官である大川乾次教授からは化学は積み重ねの学問であり、必ず役に立つ学問だと教えられました。

大川教授からは博士課程に進みたいのなら北海道大学かＭＩＴ（マサチューセッツ工科大学）への推薦状を書いてあげようと言われていました。もちろん、研究生活を送るために博士課程に進みたい気持ちはありましたが、さらに数年間は親に面倒を見てもらわなくてはなりません。さすがにそれは心苦しいし、父も許してくれないのではという思いもありました。就職先として地元の化学薬品会社に決まりかけていたことも躊躇《ちゅうちょ》した理由の一つです。そのため博士課程への進学は諦めました。

今にして思えば、どうしてあのときにＭＩＴに行かなかったのかと悔やまれてなりません。もしも留学していればもっと広い世界観が得られたでしょうし、その後の会社生活そのものも大きく変わっていただろうと思います。もちろん、これまでの私の歩んできた道を否定するわけではなく、若い時代に機会があったのに挑戦することなく過ごしてしまったことを残念に思うのです。

就職については、神戸の化学薬品会社の取締役研究部長と大川教授とが共同研究を進めていたのを私も手伝っているうちに、正式な試験や面接をせずに内定していました。研究部で働けることになっていたので、私も異論はありませんでした。

普通なら4月の入社でしたが、折悪しく会社の土山工場で事故があり、その処理に手間取っていたらしく5月の入社となりました。入社してすぐに社長に挨拶に行くと学生時代の成績を褒められたのを覚えています。いよいよ本当の意味での研究者生活が始まることになりました。

おろそかな安全管理、工場で事故が頻発

私が就職した化学薬品会社の創業は1919（大正8）年ですから、由緒ある会社です。

主に取り扱っていたのは樟脳です。樟脳はセルロイドの原料となったり防虫剤、あるいは無煙火薬として使われたり、さらにはプラスチックのない時代にはフィルムなどにも利用された物資です。戦前は国の戦略物資として重要視されていました。

そのため塩などと同様に専売制度で守られ、会社は大きく発展していったのです。精製された樟脳はカンフルと呼ばれ、医薬品としては強心剤、つまりカンフル剤になります。しかし、戦後になってプラスチック、防虫剤としてのナフタリンの開発もあり、一気に樟脳の需要が減っていきました。もちろん専売制度からも外されたため会社も国の力を頼るわけにはいかなくなったのです。

本来は会社として調子のいいときにこそ次の展開を読んで、手を打っておかなくて

はならないのですが、戦前戦後ほとんど新しい展開もなく会社を存続させていました。さすがに、会社には優秀な研究者がたくさんいましたから、このままでは会社が危ないと危機感を抱きました。技術者たちは樟脳一辺倒からの脱皮を図り、消臭剤や香料、塗料、さらにはビタミン剤や合成ゴムの触媒、合成メントールなど、多彩な製品を開発し、商品として売り出しました。こうした技術者主導の開発が功を奏して立ち直っていきました。

当面の危機を乗り越えたことで研究部は活気に満ちていましたが、会社全体として見ると、どこか危うさも残っていた時期に私は入社しました。

その頃の研究部には博士号取得者が4人いて、研究員はそれぞれ自分でテーマを決めて研究してもいいとされていました。まさに望んでいたような職場です。仕事が面白かったため必死で働きました。普段はたいてい午後10時頃まで研究を続けていて、たまに研究部長に誘われて飲み屋でご馳走になったことも研究とともに心に残る思い出です。

いくつもの新製品の開発も進み、会社も万事順調だったのかというと、実はそうでもありません。特に研究者が先に立って商品開発をすることの弊害も起きていたのです。研究者は研究に没頭すると往々にして研究そのものしか見えなくなってしまいます。

さまざまな物質の反応が研究室ではうまくいき、それで製品化がなされるのですが、いざ工場で製造するとなると話が違ってきます。工場での製造過程が分かっていないことから、例えば原価管理といった経費の問題、販売管理といった製品の販売流通の問題がないがしろにされがちになるのです。そのため収益に結びつかないケースも起きてきました。そして最も大きな問題は、研究者は安全管理に関することが把握できないため、工場では大小合わせていくつもの事故が頻発したことです。

私が入社する直前にも土山工場で事故がありましたが、入社した年の10月には本社にあった樟脳工場で静電気から火花が出て火災事故となったのです。私はちょうど研究課長と打ち合わせをしている最中でした。ズズーと大きな音がして建屋が揺れ始め、天窓のガラスが砕けて落ちてきました。先輩社員が逃げろと叫んでいます。ガスの元栓を閉めて急いで外に出ると、建物のあちこちが燃えていました。やけどを負った人もいて、可燃性ドラム缶を火災現場から移動するよう指示が出されました。数人で組んでドラム缶を動かし、なんとか火元から移動させることに成功しました。

このような大きな事故でありケガ人も何人か出たのですが、さらに残念なことに1人の社員が命を落としてしまったのです。建物や施設はいくらでも再建可能ですが失われた人命は取り戻すことができません。消火や危険物の移動にはかなり注意を払っていましたが、それ以上にまず人命の安全が大切だと思い知りました。

この事故の責任問題が社内でも取り沙汰されるようになりました。

当時の私は気づきませんでしたが、社内での権力闘争が反映されていたと思います。私が世話になった研究部長をはじめとして8人の技術者が退職しました。研究部長など2人は大学の教授に招かれ、1人は調剤薬局に、あとの5人は企業の研究所に転職しました。私は彼らが辞めてからも何人かは付き合いが続いて、新しい職場での活躍ぶりも聞くことができたものです。

みんな実力のある技術者ばかりだったので、あのとき会社に残って研究を続けてくれていれば、会社もより繁栄していたかもしれないと思うと、惜しまれます。

工場立て直しのため製造課長代理に転任

2年半ほどは研究部で研究を続け研究部係長に昇進しました。ところがある日、急に辞令が出て、生産部に異動して土山工場を立て直すよう命じられたのです。役職としては製造課長代理になります。その前に土山工場で事故が2回発生していて、工場には不穏な空気が漂っていました。工員にしてみれば命の危険を伴う仕事になりますし、その改善策もきちんと講じられていなかったのです。既存の安全策も心もとなく思えてならない。そのために製造課長と工員とは角突き合わせるような状態で、一歩間違うと大きな争いにまで発展しそうでした。

工員には荒っぽい人が多かったため、かつて柔道をやっていて腕っぷしの強そうな私ならなんとかなると工場長が考えたかどうかは分かりません。それに近い思いがあったのだと想像します。

私は研究部を離れたくはありませんでした。子どもの頃からの夢であり、とても充実した職場なのに、たった2年半ほどで離れてしまうのは悔しかったのです。製造課長代理として工場を立て直したところで、研究部に戻れる保障はありません。

就職の際も営業、経理、人事といった仕事は避けていましたし、絶対に就きたくないとさえ思っていたくらいです。それが生産部への異動命令です。内示という形で打診されたときも絶対にやりたくないと断りましたが、その甲斐なく人事異動は強行されました。

悩んだ末、私は土山工場の立て直しという目の前の仕事にだけ力を注ごうと決心しました。

生産部の仕事はとても広範囲にわたっていて、まず仕事を把握することから始めなくてはなりませんでした。事故があったため安全対策も講じなくてはなりません。工場が稼働するための生産計画と原価管理、人事に関わる労務管理、在庫管理、さらには材料の調達や新商品製造の導入なども守備範囲に入ってくるのです。それまで一研究者だった私にとって未知の仕事で、まったく想像もつかないことばかりでした。

安全対策を次々と打ち出し、工場内に信頼感を醸成

私は書店に出向いて参考になる書籍を見つけては購入し、必死で読みあさりました。任務はまず工場の立て直しでした。工場ですから、部下はいきなり35人も付くことになります。初めは戸惑いました。当時の私は28歳の若造です。主任、係長、技官は全員が私より年上で、指示に従ってくれるかどうか、不安が先に立ったのです。

まずは安全対策から始めることになり、直近にあった化合物の噴出事故の原因調査を行いました。この事故は、自動車のタイヤとなる合成ゴムを作る際の触媒の扱いに問題があったということがすぐに判明しました。工場内で酸化工程を行い、反応油を冷却させなくてはなりません。それを冷却したあとに一晩待機するという指示を受けていたため、長時間放置していたのです。しかし、触媒は時間が経つと過酸化物が分解して温度が上昇していきますから、放置ではなく温度管理をしながら置いておかなくてはならないのです。温度管理をせずに長時間放置していたため、朝になって温度

が急上昇して噴出したのです。

工場の部下全員に温度管理の重要性を教え、それまで現場に設置されていなかった温度計をセットすることにして、扱う物質によっては入念なチェックをするよう指示しました。当然、事故は起きなくなります。

理論的に、そして具体的に事故の原因と対策を説いていくことで、誰もが安心して作業に就くことができました。それまでの製造課長は技術系ではなかったため、そうした具体的な対策を提案できずにいましたが、私の指示によって工場内に安心が戻ってきました。

工場では同時期に２度の事故に見舞われていました。２回目の事故を引き起こしたのは、ある化合物に大量の金属ナトリウムを加えて加熱する反応です。反応が始まると水素ガスが発生し発泡しますが、時々発泡が収まらずに噴出して水に触れると引火して火災になります。そこで、水に触れても引火しない苛性ソーダで反応が進まないかと研究を重ねました。初めはなかなか成功しなかったのですが、なんとかうまく進む方法を見つけました。こうして２つの事故の安全対策が完成し、工員からは喜ばれました。

研究開発は主に頭脳を働かせますが、工場の社員は主に肉体的な働きがメインになり研究者とはタイプが異なります。ただ、私はそうしたタイプの人たちとの接し方も知っているつもりでした。柔道部で序列があり先輩を立てたりしたのが身についていて、このとき活かされた気はします。

懇切丁寧に指導し、分からないことがあれば安全を確認するための実験もしていくうちに、工場内に私を信頼して支持してくれる親衛隊のような組織ができあがりました。

やりたくない仕事の経験は自身の能力向上につながる

当初は嫌々ながら異動させられた生産部であったものの、工場を立て直す仕事に少しずつ面白さが分かってきました。原価管理、従業員の査定などの人事問題もやらないといけないし、土山工場がメイン工場だったため、注文が入るたびに生産工程を変更するなど、たくさんのことを学びました。

さらに事故対策とともに生産工程の合理化を進めた結果、4人の定員減に成功し、工業高校卒の優秀な工員を自ら設けた研究室に招くことができました。4人の技術や知識を吸収する力は強く、私の教えることはどんどん身につけていきました。本来は私の勝手な活動だったのですが、工場長も私が安全管理と効率化で結果を残したため黙認してくれていたのです。

工場ではそれまで、製造の過程で出てくる製品の蒸留残留物が廃棄されていました。残留物を検査してみると、化学的に手を加えることで廃棄物から製品を取り出すことが可能だと分かったのです。それならば廃棄することはありません。さっそく試してみると、以前ならそのまま廃棄していたものから5トンもの製品を回収でき、無駄を省いて会社の利益に結びつけることができました。安全対策を講じるとともに業績改善にも貢献できたことで私の評価も高まり、会社では住みやすい状況が構築できました。

研究部から来た私が合理的に説明することで、工場の社員たちはみんな理解を深めてくれました。そうした手間を惜しんでは安全対策も効率化もなかなか進まないものなのです。

過酸化物は扱い方次第で危険な状態になります。一つ間違えば爆発する可能性もありますが、安全な方法で取り扱う限りは絶対に安全だといえます。ガソリンは簡単に火が点くけれど、正しく取り扱っていれば爆発など危険なことは起きません。きちんとコントロールされた作業なら1万回繰り返しても1万回とも安全に作業ができます。そこで普段と違った工程を入れたり、手抜きをしたりするから事故は起きるのです。工場でも、その点だけはうるさいぐらい言い続けました。

あるとき、社長が大企業の元研究所長を顧問として雇い入れて工場の安全度を調査しに来たことがあります。その顧問は、工場で作業の工程を見て仰天してしまいました。その工程は、簡単にいえば油に触媒を加えてそこに100度の酸素ガスを吹き込み、過酸化物を作るというものです。一般的な化学の知識からすると、高温の油に酸素を投入するのは危険で、禁止事項とされていました。もちろん、化学者である私たちもそんなことは百も承知です。手順さえ間違えなければ何回同じ作業を繰り返しても問題ありませんし、そのときも手順の確認など万全の安全対策を施していました。ところが顧問は、これは危ないと言うばかりで、こちらの安全対策には目もくれず、社長にそのことを報告しました。社長は文系出身の人でしたから、顧問に言われるとそのまま信じてしまい、私のところにそのような危ない作業はしないようにと通達がありました。

私は工程を一つひとつ説明して、いかに安全であるかを説こうかとも考えました。しかし、こうした化学的な内容を文系出身の人に分かってもらうのは容易なことではありません。

結局、工場でのこの事業は私が会社にいる間は続けられ、もちろん一度も事故は起きていません。しかし、私が辞めたあとには他社に売却されてしまいました。

一方で、研究部時代とは違って、物質ばかり相手にするような仕事ではありません。常に人間が相手で、しかも部下ばかりでなく、得意先を訪れては今後の受注について聞いてみたり、時には営業の手伝いをしたりすることもありました。技術者、研究者は最初のうちはどうしても無口なので、取引先の担当者に会いに行ってディスカッションをしても、お前が来てもしゃべらないので困ると言われました。私も慣れてきて意見を言うようになると、人間同士で分かり合えるようになっていきます。相手の研究対象というものが、こちらも技術者ですからはっきり分かるのです。どのような材料を持って行けば使ってもらえるのか、どのような材質を開発すればいいのかも分かってきます。それが増産や減産に影響してくるので、生産ラインにも指示できるわけで、技術的なことも分かっている営業として重宝されるようになりました。

やりたくないと思っていた仕事に従事していくうちに、いつの間にか私なりの面白さを見いだすことができていることに気づきました。自分では幼い頃から研究者になりたいと思い、また自分にはその道が最も適していると決めつけていましたが、上層部の誰かが生産ラインの管理、人事も含めた管理職の能力が私にあると判断したのだと思います。それまでひたすら研究にだけ精を出していたつもりですが、上司は私の能力を常に観察し、利用します。

異動の辞令があった際、自分に合った部署に就いていると感じていた人ほど不満を感じ、転職を考えるきっかけになるケースが多いと思います。しかし、自分に向いていないと思っていた部署への異動を言い渡されても、単純に「降格人事だ」と考えてしまってはいけません。そこで地道に努力することができれば、その経験は自身の能力向上につながりますし、会社もそれを期待して異動の判断を下したとも考えられるからです。

私は労務管理も担当していましたので、学生の採用活動にも関わらざるを得ませんでした。私が生産部に移った当時は求人難で、大企業でもなかなか人材確保が難しく、新卒での採用などは特に厳しい時代でした。学生が惹かれるのは求人担当者の能力ではなく、会社の給与体系や魅力などです。魅力的な会社にしなければ求人は難しいことを思い知らされたのです。

３年間は就職の解禁日ともなると山陰地方、島根県や鳥取県の工業高校卒業見込みの学生の求人に歩き回りました。就職課の前に行くと企業の担当者が並んでいます。就職は給与、労働条件、仕事の魅力、先生の推薦で決まります。採用条件は大企業と比べると見劣りするので採用は苦戦しました。しかし、経営者になれば採用条件を決めることができます。この時の経験からどうすれば採用ができるかを学ぶことができ、のちに会社を設立してから人材獲得する際に大いに役立ちました。

このときに数は少なかったけれど求人に応じてくれた高校生の一人が、ずっと私とともに歩んでくれている私の会社の現代表取締役会長、宮内仁志です。その縁もあり、島根県出雲市にある工場団地に進出でき、今では130人ほどが働く、私の会社のメイン工場になっています。あるとき携わった仕事はそのときだけで終了するのではなく、のちのちにまでつながってくるのです。常に手を抜かずにやっていけば、努力は決して無駄になることはありません。

太く短い生き方をモットーに働く

土山工場では自前の研究室をもったり、かなり自由に研究もできたりするようになっていました。新商品の開発にもつながったので、自分としては研究者としての夢も少しは達成されたように感じます。土山工場に4年、その後、本社の神戸工場に4年勤務しました。神戸工場でも研究室と研究員1人を付けてもらい、研究を続けられたわけです。研究室にいるときは作業服に着替え、実験台に向かったものです。私に付いてくれた研究員は私よりかなり年上でした。前の上司はこの研究員をもて余していたようでしたが私のもとでよく働いてくれました。のちに、私が興した会社に来てくれ、その研究員とも良好な関係を築くことができました。

その頃の私は掛け値なく2人分は働いていたと思います。若い頃の私は特に、太く短い生き方をモットーとしていました。

研究部とか生産部ではこんなことがやれたら面白いと頭で考えたテーマに取り組んでいました。理論上は面白いのですが、売上に結びつくかどうかは分かっていません。実際に工場での生産につながらない研究も多かったのです。

その頃、私の研究を論文にまとめればすぐに博士号を取れますよと、関西学院大学教授2人から提案を受けたことがあります。しかし私には論文を書く時間もなく、諦めました。また、企業では上司の理解がなければそこでの研究を論文にまとめるのは難しいのです。博士号はそれから32年後にまったく異なるテーマで筑波大学で取得できました。

本社の神戸工場に行くと、社外からいろいろなテーマがもち込まれますので、さらに利益が出る研究開発が可能です。ある自社商品（香料）は、毒性の強い薬品を使用していたのですが、安全な薬品に変更し、製造工程も大幅に変更し合理化もできました。また、香料会社との共同研究によりその香料の需要は大幅に増えました。この商品は最終工程を別の香料会社に委託していて、委託先の会社には酒を持参して、増産依頼に出向いたものです。すると社長自らが応対してくれて、バブル崩壊後の不景気なときによくぞ助けてくれたと感謝の言葉を受けたこともあります。

生産部の仕事にも慣れ、いろいろな部署と連携しながら仕事をする楽しさを覚えるようになったとき、今度は営業部への異動を命じられたのです。またもや突然の話でした。「太く短く」を人生のモットーにしてきたので、たくさんのことに挑戦できました。そのためほかの人の2倍は働いてきたと思っていますが、そのおかげですばらしい人生を送ることができました。

自由に研究開発の仕事ができる体制を確保

当時、営業部は部長以下、営業課長、営業係長（2人）、それに営業課員が1人いるという体制でした。あるとき、営業課長、営業係長と課員の3人が退職してしまったのです。部長と係長だけという状態で、なんの対策も講じられず放置されたままになっていました。

本来なら、会社として支障がありますので対策を打たないといけません。それで部課長会議でも議題に挙げられたのですが、なんの進展もないのです。さらには営業部長が、退職した課長は無能だったとひどい言葉で非難し始めました。私はその営業課長と同世代であり仲も良かったので腹が立ち、私にしては珍しく、激しく反論し営業部長の物言いを批判し、辞めた営業課長を擁護しました。部長は私の気迫に驚いたのか、黙ってしまいました。後日、取締役の一人からあのときの私の発言には迫力があったと感心されたほどです。

この営業部長は社長の信頼が厚い人で、あまり批判されることがありませんでした。私は総務部長から今回のことを社長に報告するようにと言われ、恐る恐る社長室に向かいました。

社長は私の顔を見るなり大きな雷を落としました。営業部長の実績を称えた挙げ句、そんな部長を非難するとはなにごとか、と言うのです。30分ほども怒り続け、その雷が収まりそうになったところで、今度は私が反論しました。営業課長は私の同世代であり、彼もまた部長に劣らず優秀な人材であり、彼を罵倒されると友人として腹が立ってなりません。彼の退職にしても、部長が普段から部下と良好な人間関係を築き上げていれば辞めることはなかったはずです。その後も、人手が足りないなら内外から人材を集めてくるのが部長の役割だと思うのに何もしていない、そんな部長こそ非難されても仕方ないと主張したのです。

社長は課長のこともかわいがっていたため、私の意見に半ば同調してくれました。面談したあとで取締役総務部長は、私のクビが危ないと言っていましたが、そうなることはありませんでした。社長はすぐさま営業の立て直しにかかりました。常務取締役が営業部長に就任し、外部の商社から営業課長を連れてきました。取締役営業部長は取締役営業部次長に降格させ窓際の扱いになり、しばらくしてこの元営業部長は退職したのです。これが社内政治なのかと少々驚きました。

そんな流れのなかで私は営業開発課長を拝命しました。またも研究職から遠く離れた部署で営業が専門というのは気乗りしない仕事でしたが、会社の命令ですから受け入れざるを得ません。製造課で新商品の販売もしたり、他社の営業担当者とも親密に打ち合わせなどをしていたりしたので営業に適していると思われたのかと想像します。

ただ、社内で少しはわがままが利くようになっていたので、大学の後輩を連れてきて営業開発係長とし、さらに社内から製造課で部下だった２人も異動してもらいました。私はこのとき、以前リクルートした宮内を引っ張ってきたのです。私はここでも研究室と技術員１人を確保して自由に研究開発ができる態勢を確保できました。

営業開発課には8年在籍して、ほぼ営業部の立て直しは成功したといえると思います。会社も安定期に入って、ずば抜けた額ではないけれど安定的な収益が出せるようになったのです。

私は技術も分かる営業として取引先を回ってはさまざまな提案を聞いたり、また説明したりしていました。取引先では技術者が出てきて専門的な話になることが頻繁にあります。そのときにいちいち会社に戻って自社の技術者にうかがいを立てていては交渉にならないわけです。

私だと相手の言うこともほぼ理解できますし、対応策もすぐ出せるし、さらに製造課で鍛えられたため原価計算などもできるのです。そうすると生産に乗せられるかどうか、乗せたあとどれだけの量を生産したらいいのか、そうしたこともすぐに受け答えできます。

ある化学会社の営業担当者と話していると、ある原料から2、3トンの化成品を生産してほしいという依頼が入りました。その会社の採っていた合成方法は古いもので、あまり大きな商いになりそうもありませんでした。

そこで10トン以上の需要が見込めるのなら私のところで合成方法を考えますと答えておきました。半年後に10トンの注文が来たので、直ちに研究を始めたのです。より効率的に合成する方法を開発して、生産に成功しました。この商品は大きく育っていき年間１００トンも売れるようになったのです。その会社からは医薬中間体も生産を依頼され、発展していきました。それらは依頼してきた化学会社との共同開発になったりしたので、ともに苦労した会社だといえます。

ただ、この会社は商品の需要が海外に偏っていて商社任せにしていたため、十数年後に倒産しました。頑張っていた会社だけに非常に残念な思いがあります。

第一線の仕事を担当し、経営者センスを磨く

会社の営業職というのは、一部の仕事をこなすだけでは会社全体の販売能力そのものが痩せ細ってしまう危険性があります。広い視野をもって会社や世の中を見ておかなくてはいけません。製造や経理、人事、技術などにも興味をもち、ある程度理解したうえで対応しなくてはいけない場面もあるので、そのあたりは経営者と同じ感覚だといえます。

営業に移ってからは、在庫や設備投資について税務調査に訪れた税務署員に対して

経理課長では対応できないということで、私が説明を行うことがありました。税務署員は細かな点についてまで質問をしてくるので、こちらもそれなりに勉強して対応する必要があります。

製造課にいる頃から、いろいろな企業の公害問題がマスメディアなどでも取り上げられるようになりました。それで私も公害関係についてはかなり勉強しましたし、製造課では毒性の強い薬品は避けて製造できるように工程を改良しました。危険物や公害関係は資格が必要です。そうしたことも勉強しておかなくてはなりません。働く社員も守らなければなりませんし、法律問題にも目配りしておかなくてはなりません。そうするとだんだん広い視野で見られるようになっていくのです。

会社経営は技術だけでは成立しません。優良な経営手段でのサポートも重要です。技術者見積もりでも100万円のものを80万円で販売されたら会社は儲かりません。技術者に見積もりを出させると、自分たちの人件費は入っているのに間接費が抜けていることなどが頻繁にあります。技術者といえども経営的センスが不可欠で、常に磨いていかなければやっていけない時代でもあるのです。

とにかくプロ意識をもって仕事にあたること

生産部への異動時には多少抵抗を感じましたが、営業部への異動時はすんなりと受け入れることができました。もちろん、やりたくない気持ちもありましたし、できるかどうかの不安もあります。それでも会社員である限り、断るわけにはいきません。断れば選択肢としては退職するしかなくなります。私はまだ会社を辞めようと思っていなかったので異動は受け入れるしかありませんでした。

最初の異動のときにあまり先のことは考えず、とにかく目の前の仕事に注力しようと決めたことは、私にとって最高の経験になったように思います。つまり、嫌だと思った仕事であってもその道のプロになるのだという意識をもって取り組めば、いつしかその仕事を好きになることができたのです。

その道のプロになるという向上心をもつかもたないかで、その後の成長速度は大きく異なります。向上心のある人は、能力が向上するとより高度な仕事も可能になり、そうした仕事はたいてい面白いものなのでさらに興味も湧いてきます。能力が上がり、それまでできなかったことができるようになると周りの評価も変わってくるのです。

そうするといつの間にか嫌いだった仕事も好きになっています。好きになると、それまで以上に仕事に精を出すようになるので幅が広がってきて、さらに面白くなっていきます。このサイクルを繰り返しているうちに嫌いな仕事だという意識が克服されていて、なおかつ能力も上がっていくわけです。

逆のサイクルに陥ると悲惨なことになります。例えば嫌いな仕事だからといってやる気を見せず、毎日だらだらと仕事をこなしていきます。この場合はたいてい、上司にこの異動は失敗だったと思わせたい気持ちがあるものです。

力を入れて仕事にあたらないので能力は上がりません。仕事の内容も理解できなかったりします。そのうち出勤することさえ嫌になっていきます。仕事をしているのか怠けているのか分からない状態となり上司からは叱責が飛んできます。それでもだらだらと仕事をしていると、上司だけでなく同僚からもうとまれるようになって職場にいづらくなってしまい、あとは辞表を出すしかなくなります。

とにかくスタート時点で頭をまっさらにして、その道のプロを目指すことがその仕事を好きになる方法だというのが、経験から得た教訓です。このやり方で嫌いな仕事も克服できました。

常に向上心をもつことを心掛けたことで、私は管理職を任され同世代では出世頭になっていました。給与も同世代では高い額をもらっていたようです。

ほかの部署と連携しながら仕事内容を知ることができたのは、のちの人生でも非常に大きな財産になりました。研究部から生産部に行き35人もの部下を抱えて安全対策に取り組んだことは、普通はあまり経験できないことです。生産計画も打ち立てて受注状況を調べて顧客との折衝にもあたりました。

こうした営業職としての仕事をはじめ、労務管理といった人事の仕事から高校生の求人募集まで担ったのも貴重な経験です。在庫管理や原価計算をやらなくてはならなくなり、経理のことも随分と学びのちの税務署対策に活かされました。工場での材料調達は資材部と連携しましたし、新商品の開発では古巣の研究部と連携しながら進めたのです。

このように社内のほとんどの部署とつながりながら仕事をすることは、あとから考えると普通はできない経験で、給与をもらって貴重な勉強をさせてもらったようなものです。

どんな仕事にも面白さはある

以前、テレビ番組でお笑い芸人が銀行員に対し他人のお金の計算ばかりして何が面白いのかと尋ねているのを見たことがあります。その銀行員は答えに窮していましたが、ただ急な質問に答えられなかっただけで、銀行員としての仕事の面白さは必ずあるはずだと私は思うのです。どんな仕事であっても一生懸命に取り組めば必ず面白くなりますし、さらに仕事への関心は深まっていくものだと私は確信しています。

これは決して精神論ではなく、人間行動と仕事のあり方を理屈として考えた結果、私が行き着いた結論です。

自分の可能性も自分が思っているほど狭く、小さいものではないということも、私の経験から断言できます。人間の内部には本人が思ってもいない可能性が秘められていますし、開花させられるのは自分だけなのです。そのためには新たな環境に飛び込んで自分の可能性を試すのが最良の方法です。

いずれ今の仕事を辞めて転職するにしても、独立して起業するにしても、あるいは会社に残って定年まで勤め上げるにしても、とにかくサラリーマンとしての立場で現在の仕事を頑張るのが最も大切なことです。いろいろな仕事のできるサラリーマンになれば自ずと環境が付いてくるはずです。社内での出世の可能性も出てきますし、今以上の転職先が見つかるはずです。今いる場所で頑張れないのなら、どこに移っても頑張ることはできないと思ったほうがいいのです。

もちろん、過重労働を強制するような職場は対策を考えなければなりません。そのような職場では、自分のスキルを向上できないからです。

18年間働いた会社を飛び出すことを決意

営業部には8年間在籍しました。会社では18年間働いたことになります。

私としては会社のために慣れない仕事への異動も受け入れ、その都度一生懸命に働いたつもりでした。そのまま勤め上げていこうと思っていたのです。

しかし、社内にはどうもそれまでの技術中心の会社から大きく方向転換を図ろうという動きが起きつつありました。

こうした路線に対する経営陣の意見対立はどのような組織でも起こり得るものなのですが、結局は一般社員も巻き込まれてしまい、落ちつかない状態で仕事をする状態になってしまいます。

生産部、営業部とそれまでかなり壊滅的だった組織が立ち直り、黒字経営も続いていましたし、会社も安定してきたのです。

そうなると本来なら生産部や研究部の力が増していくように思うのですが、そこでは技術畑ではない取締役総務部長が力をもつようになっていました。経緯は私には分かりません。とにかく会社の将来に対する路線対立が起こってきたのです。

生産部、営業部で16年間働いたといっても、私の意識はあくまで技術者なのです。ですから技術中心の会社であることに誇りをもっていましたし、誇りを後ろ盾として営業などの仕事に就いていました。

誇りをないがしろにする動きが出てきて、私も黙ってはいられなくなったのです。そして、サラリーマンであることに嫌気が差してしまい、私は外の世界へと飛び出すことになりました。

第3章

43歳、会社と路線対立の末にたった3人で起業

経営者としての一歩を踏み出し、わずか5年で売上10倍を達成する

成長を軽視する会社に対する違和感

私が以前いた会社は戦前から続いた樟脳生産だけでは経営が成り立たなくなりましたが、技術者たちの新製品開発の尽力によってなんとか安定化してきました。私も微力ながら役立ったのではないかと思っています。

研究部を中心とした頑張りがあってこその経営安定化ですから社内的に技術陣が力をもっていくのかと思いきや、なかなかそうはならないのが組織というもののようです。会社が安定してくるとむしろ開発研究は不要だという意見がはびこるようになったのです。それに加えて営業も必要ないのではないかというのです。要は経費削減、設備投資はやめて経費を浮かそうということのようでした。開発担当である技術陣や営業部はつらい立場に追い込まれたわけです。

大きく分けると、新製品などを研究開発し営業活動を展開していくことは攻めの経営であり、ひたすら経費削減していくだけの路線は守りの経営だといえます。私は守りの経営も一つの考え方だろうとは思いますし否定はしません。

ただ問題となるのは、どの程度将来を視野に入れて戦略を考えているのかということです。つまり、経費削減路線は短期的に結果が出るやり方です。それまで借金して設備投資をしてきたのをやめ、研究開発に対する経費をなくし、さらには人員削減などを断行すれば、すぐに効果が現れます。カンフル剤のようなものです。

しかし、研究開発というのはすぐ結論が出るものではありません。長いものだと製品となるまでに数年、もしかすると10年以上掛かることもあるのです。営業もまた相手に食い込み、なんとか商談をまとめるまで時間を要します。努力が実を結んだとき、とても大きな成果をもたらし、成果は何年にもわたって会社を潤し、会社にとっては大きな財産となっていきます。

私もそのことを身をもって学びましたので、その時点での路線対立には疑問を抱いていました。営業と技術を軽視するような考え方には同調できないと思ったのです。

社内では、役員一人の影響力が広まっているように感じられました。彼は経費削減路線を主張し、社長も取り込み、さらには労働組合まで味方につけてしまっていたのです。儲からない部署は廃止して無駄な経費を削減すれば会社の利益につながるという考え方です。社長の脳裏には新商品の研究開発に伴う危険性への配慮があったのだろうと思います。

これまでに数回、工場は大きな事故に見舞われました。対策のために私が生産部に移って以降は、大きな事故は起きていませんが、小さな事故は確かに数回起きていたのです。大きな事故が起きたら社長の責任が問われ、つらい立場に追い込まれます。総務部長はそうしたことを説いて社長を納得させたのだろうと思えます。

今後、新規開発が必要になったときは新たに技術者を採用すればいいし、今は研究者や新規開発に関連した営業職は必要なく、減らしても当面は困らず、むしろ人件費や研究経費が大幅に減らせるので利益は増えていくはずだと総務部長は言っています。

このような経費削減策を打ち出して、その先どうなるかは実のところあまり考えているようには思えませんでした。役員のほとんどは年配者ばかりですから提案には反対しないはずです。しかし、私は当時40歳ぐらいでしたから会社の将来を見据えていました。経費削減で一時だけ儲けることよりも、しっかりした会社に育てるほうが大切ではないかと、私より下の世代は思っていました。特に若い世代は将来性のない会社には簡単に見切りをつけます。

経費削減によって企業としての成長を軽視するような会社は、いわゆる「ぬるま湯」のような体質に陥る可能性があります。そんな環境でこの先5年10年と働き続けたところで、自分の社会人としての成長も見込めないと感じたのです。

会社は創業当時から技術者の開発した商品群で事業を継続してきました。技術者を削って今の収益を上げたからといって、それが長く続くとは思えません。20年先、30年先まで会社に所属するであろう、若者たちは困ってしまうのではないかと私は思いました。

18年間、必死でいくつもの新商品を開発し、生産部を立て直し、営業部を立て直してきた私などは不必要な人材の最たるものになったと感じました。会社が困ったときには本人の経歴とは無縁な部署に異動させ、用がなくなればお払い箱なんて、こんな会社はこりごりだと思っていました。

私はこの時点で1年以内に退職することにしました。さまざまな部署を経験しながら18年も会社に尽くしてきたという思いもあり、退職に際しては悩みに悩みました。やはり自分が成長できる環境に身をおきたいという本音に気づいたことが最終的な決め手になりました。そして私はサラリーマンとして企業に勤めるのではなく、自分が経営者となって会社を立ち上げようと決意したのです。

信頼のできる社員にだけ辞意を打ち明け、極秘の約束を交わす

私が会社に在籍している間、脱サラして起業した人が何人かいました。そのうちの2人からは一緒に事業を始めないかと誘われたことがありました。ただ、彼らの事業計画を説明してもらったところ私の考え方とは大きく異なっていたので、そのときは断りました。2人とも当初立ち上げた仕事は失敗に終わり、別の仕事を始めたようです。

今回は自ら会社を起業する決意をしましたが、特に事業計画らしいものはありませんでした。やりたい仕事があったわけでもなく、小さな研究開発会社でも設立して

やっていこうかという漠然とした構想を抱いていただけなのです。需要があるかどうかは分かりません。とにかく1年間の猶予期間を設けてその間にやるべき仕事、事業計画を考えたいと思っていました。

１人でこの会社での経験すべてを手放そうと決断するには、18年間のサラリーマン生活は重過ぎます。部下もいましたので、自分１人が辞めていくことに負い目のようなものも感じていたのです。

そこで信頼できる中堅技術社員６人に意見を聞いてみました。私の辞意は極秘事項であると念を押しました。もしも総務部長の耳に入るとなんらかの邪魔をされる可能性もあります。またほかの社員にも迷惑が掛かるケースもあるので極秘と伝えましたが、この件は最後まで漏れることはありませんでした。

６人の意見はまちまちでした。１人は部下だった製造課長で、上司であった私が辞めるとポストが空いて自分が昇進できる可能性が増えるので、私の退職には大賛成であると言いました。現金な考え方ではありますが、正直で好感がもてました。彼はそのまま会社で常務取締役となり定年まで働き、退職後に自ら小さな商社を設立して活躍しました。

研究部にいた1人は、辞めないで会社の改革のためにともに闘ってほしいと訴えました。彼も数年後に中堅企業に転職し、取締役研究部長になって定年を迎えました。

東京営業所長をしていた1人は、自分は辞めないが私を応援すると言ってくれました。7年後に私の立ち上げた会社への転職を志願してきたため、東京営業所を開設してもらいました。その後、常務取締役まで務めて監査役を経て定年退職となったのです。

そして10年後に私と同じように独立すると言っていたのは営業課長だった部下です。彼は本当に10年後に3人の仲間とともに退職して香料の開発会社を立ち上げました。

残りの2人は私の考えに賛同し、起業した際にはその会社でともに働きたいと言ってくれました。1人はこのとき営業係長を務めていた宮内です。もう1人は製造課長を務めた人物で、彼はとても優秀な技術者でもありました。

6人のうち5人が退職することに反対はせず、なおかつ2人が私の会社に加わりたいと言ってくれたのは、とても心強い反応でした。

信頼していた得意先の会社の社長にも相談してみたところ、退職というのはサラリーマンの特権なのだから遠慮はいらない、堂々と辞めなさいと励まされました。私が抱いていた負い目のようなものは完全に払拭されました。

私がいた会社では、以前にも何人もの技術者が辞めていきました。私自身も辞職を決めた路線変更のタイミングでも何人かの技術者が辞めています。二度にわたって技術者が退職しましたが、そのほとんどがのちに会社の社長や取締役、あるいは大学の教授などになっています。仕事ができずに辞めさせられたわけではなく、自ら活躍の場を求めて去った人たちだといえます。

そうした実力のある人は転職してもたいてい成功しているのです。私が意見を聞いた6人にしても早期退職をした5人は新しい職場で成功しています。

それぞれが真剣に仕事に向き合い、一生懸命に打ち込んできたことがそうした転職の成功につながったのだろうと思います。

一緒に会社を興す仲間が見つかり、私の構想は具体的になり、実行に移す時期は早まりました。

家族からの猛反対

脱サラでの起業で、もう一つ重大な問題は家族の支援です。どれだけ家族が理解してくれるか、支えになってくれるかはとても大事なことだと思います。では、私の家庭はどうだったのかというと、妻は猛反対、父も猛反対、姉や妹、その夫たちも反対と、完全なる四面楚歌状態でした。

妻の反対の理由は私も理解できます。サラリーマンとして毎月入ってきた給与がなくなりますので、生活の基盤が失われるためです。当時の家族構成は妻に息子と娘で、息子は中学1年生、娘は小学生でした。息子は重度の自閉スペクトラム症で生活の介助を必要としていました。家にいる妻としては息子の世話もあるため、どんな困難が襲いくるか分からない起業など賛成するはずもありません。

父は自身で二度も起業していますし、自分の兄弟の起業には資金援助をしていました。しかし、息子である私の起業には絶対に反対という態度を取りました。もし独立などしようものなら、勘当すると言わんばかりの勢いで激高されたことを思い出します。

父は私が自分の後を継がずにサラリーマンになったのも嫌だったのです。

父にしてみれば苦労して始めた商売がうまくいっているのに、長男である私は後も継がずに訳の分からないことをして、自分を裏切ってサラリーマンになったにもかかわらず、その仕事も辞めて今度は会社を立ち上げると言い始めたので、ますます腹が立ったのだと思います。

父の援助が得られなかったのは少しだけ残念に思いましたが、それまで特に密なコミュニケーションを取っていたわけでもなく、決して仲の良い父子関係でもなかったため、そんなものかと諦めもつきました。

退職を決めてからの日々

私の退職は１９８４年12月末で、それまでの期間に主な得意先に赴いて最後の挨拶をしました。いくつかの会社からは工場長として来てくれないかと言われました。なかには社宅も用意しているのでぜひとも来てほしい、と誘いの電話をくれたところもあります。営業として回っているときはほとんど会ったこともない社長から熱心な勧誘の電話をもらったりもしました。話らしい話もしたことがなかったのですが、それでも私の仕事ぶりを観察してくれていたのか、あるいは担当者から私について聞いたのか、とにかく普段の仕事はおろそかにできないと改めて感じ入りました。熱心な誘いを受けましたが、私は二度とサラリーマンに戻る気はなかったので丁重に断りました。

今の会社の方針に反対して辞めるのですが、どんな会社もいつ方針転換するのか分かりません。舵取りをするトップや上層部の腹一つで進む先が変わってしまいます。

そのとき、会社は平気で社員を放り出すものなのです。どれだけ売上に貢献していようと過去の成果は関係ありません。

小さくてもいいので自分の会社をつくり、自分の思ったような運営をしていきたいということです。自信があったかどうかと聞かれると、少なくとも３人の仲間がともに食っていくぐらいの仕事はできるのではないかと思っていました。そこからさらに大きくなるかどうかは見えていませんでした。

私の妻にしてみれば、３人の食い扶持《ぶち》も稼げないのではないかと不安に感じていたようです。私は彼女を説得するのは諦めてあとは強行突破、事後承諾しかないと考えていました。結果としてうまくいけば納得するだろうと思ったのです。妻は長いこと私の起業に反対していましたが、会長引退が決まったときは、ご苦労様でした、これからは寂しくなりますね、と労《ねぎら》いの言葉をかけてくれました。

前の会社には年末ギリギリまで出勤しようと思っていたクリスマス、常務取締役からもう出てこなくていいと言われたので、この日が会社で仕事をした最後の日となりました。

翌年、退職してすぐに世話になった先輩たちに礼を言うために改めて会社に出向きましたが、ある役員からは大変警戒され、挨拶回りも邪魔されました。あとから考えると、定年前に会社を辞めた人間は裏切り者であり、敵とみなされる傾向があるように感じます。日本社会特有のことかもしれません。

私はその会社に対して安全対策や公害対策の構築や新商品の開発などさまざまな形で貢献してきたつもりでしたが、それでも辞めるとなるとかくも冷たいものなのです。このとき、自分の開発してきた商品はいっさい新しい会社には取り込まないことと、かつての同僚や後輩などは引き抜かないことを肝に銘じました。

その常務は1985年の会社の新年会で私たちの名を挙げて、彼らに負けるなと発破をかけたそうです。私は、いつかは追いつき、そして追い越してやろうと心に決めました。

実験台一つの研究所からのスタート

起業仲間の2人は1984年10月に退職していました。私は翌年の4月に新会社を設立しようと考えていましたが、彼らが思ったより早く退職したので、2月1日に創業を早めました。寒い冬で仕事も少なく、私たちはストーブを囲み震えていました。

私は18年間で研究部係長、製造課長、開発課長、営業開発課長を歴任してきたため、全社員の6割以上にあたる人が一度は部下となり、ともに仕事をしてきたといえます。しかし、辞めるときには送別会もなく、静かに会社を去りました。

新会社については辞める半年ほど前から3人で相談して、社名や資金の調達法、設備投資、許認可の届け出などいろいろなことを決めていきました。

長期的な目標として、いずれは前の会社を追い越したいと思っていました。もちろん、3人で設立する零細企業が当時110人の社員を擁する伝統ある会社を追い越すといっても、相手にはされないだろうと思っていました。ですから、これもまた会社が実績を上げてから公表することにしたのです。

新会社の業務内容はまずは試薬の製造、研究者が必要とするサンプル合成などを請け負えばなんとかやっていけるのではないかと考えていました。実は3人ともこうした仕事を過去にしたことがないのですから、かなり大胆な船出だったともいえます。

資本金については1000万円を集めることにしました。最もお金のある私の父の出資は望めないので、親族、友人などから一口100万円で出資金を募集しました。予想に反して、すぐに1200万円が集まり、それで会社をスタートさせることができたのです。さらに集めようと思えば500万円出したいという人が2人いました。その調子なら私でも3000万円ほど集められると思いましたが、あまり親しくない人からお金を工面してもらうと、のちのちの経営がやりにくくなるのではないかと判断して、その大口の出資は断りました。

製造課長をしていた一人が岩岡工業団地に60坪の賃貸物件を見つけてきたので、そこに私たちの設計した30坪のスレート葺きの倉庫をつくって家賃16万円で借りることになりました。当初は私一人で創業しようと思っていたので実家の庭に小さな小屋をつくって研究所にすることを考えていたのですが、３人でのスタートとなるとそれでは狭過ぎます。そのため別の場所を探したところこうした場所が見つかり、そこが会社の創業の地になりました。

給与は私が24万円、ほかの社員はそれぞれ22万円と20万円とし、途中入社の社員は18万円にしました。これは前の会社でもらっていた給与の半分以下になります。

当時の私は家のローンもありますし、自己都合での退職だったため退職金も6割に減額されて、３５０万円程度だったと思います。これはすべて資本金につぎ込みました。

脱サラでの起業は、資金面についてがいちばん厳しいのではないかと思います。おまけに化学会社は最初に設備資金と運転資金が必要です。倉庫をつくって実験台を入れて、簡単な分析装置を入れるのが精いっぱいでした。

創業してすぐに私の大学時代の恩師、大川教授も祝いに来てくれました。スレート葺きの建物と実験台が一つという研究室の設備に驚き、大丈夫かという言葉を連発していました。先生から見ると大学の研究室に比べてもあまりにみすぼらしい設備に思え、それが愛弟子の新会社だということに驚いたのだと思います。

しかし、私たちからすれば、たとえ小さくても自分たちだけの研究所がもてたのであり、とにかくうれしかったことを思い出します。その後も大川教授とはたびたび私たちの会社に立ち寄ってくれたり、私が大学を訪ねたりの長い付き合いとなりました。会うたびに会社は大丈夫かという挨拶が続いたのは、さすがの私も少々閉口しました。

ただ、私たちには研究用に必要とされるサンプル合成なら十分に作っていける見込みがありました。有機合成化学は長いこと勉強してきましたし、多くの経験を積んできたという自信もあります。我々３人の最も得意とする分野でもあるのです。最初はまだ規模からいってもサンプル合成の研究受託しかできませんが、近いうちには受託開発、受託生産にまで手を広げていくつもりでいました。

そこまでには10年、あるいは20年掛かるかもしれませんが、夢は大きく広がっていました。ですから大川教授に大丈夫かと問われるたびに、私は胸を張って大丈夫ですと答えられたのです。

新会社を商売で信用してもらう苦労

いよいよ新会社の登記も完了し、すぐ営業活動を始めました。
もちろん、当初は思ったような業績は上げられません。前の会社では石油化学、塗料、香料などの関連会社や商社を得意先としていましたが、ここでは試薬、香料、繊維、化学、製薬、農薬などの会社を訪問しては仕事を探していきました。ほとんど得意先も異なり、取引単位もかなり小さいためすぐ成果を出すのは難しいだろうと予想はしていました。ただ、同じ化学業界であるため話が通じていたのは心強かったのです。

前の会社で売上額が１０００万円以上の仕事がほとんどだったのと比べると20分の1以下となる30万円、50万円程度の仕事をたくさん受注してこなしました。金額が少ないからといって、仕事をいい加減にはできません。当時はとにかくちりも積もれば山となる、の戦略で会社を運営していたのです。

最初の仕事は研究でも開発でもなく、ただ石油缶に15キロずつ資材を詰める作業です。単なる力仕事でドラム缶10本分を、ポンプを使って石油缶に詰め替えるのです。ポンプや石油缶を買ってきて3人で力を合わせて作業を終えました。私の実家からトラックを借りてきて、資材を持ち帰り、今度は詰め替えたものを運んでいきました。

1缶いくらで合計30万円になりましたから1人分の給与が払えました。このように頼まれればなんでもやったのです。

関係のありそうな会社を訪問しては自分たちで作れそうな化合物をサンプルとして並べて、こんなものは必要ありませんか、研究室の雑用はありませんか、サンプル合成の仕事はありませんかと行商のような営業をしていきました。

ある大手製薬会社を訪れ、同じような売り文句を口にしたところ、担当係長から「ぜひ広瀬さんとは取引をしたいのだが創業間もない3人の会社では許可されない」と断られました。私としてもやむを得ないと感じたものです。

それでも数年後、電話をもらい取引が始まり、いろいろなサンプル合成を頼まれるようになります。持ち帰っても合成するための設備がなかったときには、中古の洗濯機を5000円で買ってきて脱水機に入れて回しました。すると遠心分離器の働きをしてくれます。こうして買った中古洗濯機も私たちにとっては大事な機材でした。知恵を絞って工夫しながら、なんとか頼まれた仕事をこなしていったのです。

会社を興して最も大変だと感じたのは、小さな会社なので、前の会社に比べるとまったく信用が得られなかったことです。前の会社は神戸にあった大財閥鈴木商店の流れを汲んでいたので信用力は抜群でしたが、新しい会社はまだまだ信用がありません。資材を購入するにしても売ってもらえないケースが結構あったのです。

私たちの会社は試薬と研究の機材を購入することが大切です。その2つがないと他社との競争に負けてしまいます。試薬の購入についてはよく知っている会社に取引してもらえると思って頼みに行きました。

しかし、何度か取引はしてくれたのですが、サービスがとても悪く現金取引しかしないと言われたり、あからさまに私のところとは取引したくないという顔をされたりしたこともありました。

ちょうどほかの問屋が来て、私たちに全面的に協力すると言ってくれたので取引先を変更することにしました。また、機材は知り合いの会社の社長に頼み込みました。この人は男気がある人物で、自分に任せておけとばかりに快く取引をしてくれたのです。たとえ少額の買い物であっても、嫌な顔一つせず引き受けてくれました。納入業者や銀行、リース会社など新たな取引先からは決算書の提出を求められるので、税金をたくさん払うような大きな利益が出る会社にしなければ会社の存続も発展も難しくなるのです。おかげで実質的な経常赤字は第27期の1年だけでした。

私たちに信用がつくまで2年はかかったかと思います。その間はどこに行ってもいい顔をされず、苦しい状態でした。前に勤めていた会社の信用度の高さを知っているだけに、新しい会社の頼りなさを痛感しました。

そうしたなかで手を差し伸べてくれた人たちには感謝してもしきれない思いがあります。私たちより4カ月早く創業した、ほぼ同業種の会社社長は、製薬会社から受けたサンプル合成の仕事を私たちに回してくれました。いろいろと話しているうちに、よほど私たちが困っているように見えたのだと思います。マージンはいらないと言われ、見積もりよりも高い報酬を払ってくれたものです。

古くからの知り合いに会うと、よくお前たちはたくましいなと言われました。そういう人たちが、いろいろな情報、顧客となる企業を紹介してくれました。

何度も足を運ぶと、こんなものを合成できたら買ってあげると言われることも増えてきました。そうなるとこちらもやる気が出てきます。諦めず飽くことなく営業を続けていれば、必ず道は開けていくだろうという予感が芽生えていました。

なんとか人脈をつなげて、独自の顧客を増やす

なんとかなるだろうという自信はあったものの、苦しい経営が続いたのは事実です。資本金１０００万円に借入金２００万円が元手としてありましたが、３カ月で50万円まで減ってしまいました。ほとんど給与や機器、資材に使ったのです。設備関係はリースで借りられるものは借りましたが、納入業者への支払いを最優先としていました。

私があまりにさえない顔付きをしていたためか納入業者から支払いは遅れてもいい

ですよと言われたこともあります。しかし甘えるわけにはいかないと無理をしてでも支払いは済ませました。当たり前のことですが、納入業者への支払いは一度も遅らせたことがありません。

その分、私たちの給与に影響が出ました。社長と共同経営者2人のほか、事務員も一人いたため4人で84万円の給与が必要でした。

実際には、その頃の給与24万円では我が家の家計はかなり苦しい状態だったのです。家のローンを7万〜8万円払い、障害児もいましたので、妻はやり繰りが大変でした。おまけに給与の24万円も毎月必ず出たわけではありません。その年の12月までは給与が出たり出なかったりという状態が続きました。

初めの10カ月間が最も厳しい時期でした。食費など出ないだろうと思っていたのですが、家に帰るとちゃんと食事が出てきました。妻がなんとかやり繰りしてくれているのだろうと思っていましたが、あとで聞くと結婚するときに実家から100万円を渡されて、いざというときのためにもっていろと言われたそうです。そして心底困ったことが起きたら、そのときに使えということだったようです。そこから食費を出していたのだと、随分あとに教えてくれました。

やがてそんな生やさしい状態ではなくなり、もう数カ月もすれば家のローンが払えなくなるというところまで追い詰められました。仕方がないので知り合いの不動産会社に頼んで家を売りに出すことにしました。

残ったローンの支払いを考えるとほとんどプラスにはならないのですが、それでも支払いができなくなることは避けられます。売れたら小さなアパートにでも引っ越すつもりでした。

ところが、創業当時は造船不況、半導体不況などで失業者が増えた時期で職業安定所も若者で溢れていたほどでした。中古の家でも簡単に売れるわけがありません。

本当に困ったと頭を抱えていると、なんとか会社の経営状態が好転し始めました。お金が入るようになってきたのです。

当時はすべて現金取引だったのも助かった原因です。手形だとお金が入るのは３～４カ月後になってしまいます。銀行が手形を割ってくれるようになったのは２年目の後半からなので、それまでは現金取引のほうが助かりました。

はたから見ると自転車操業に見えたでしょうが、私が営業に回り仕事を取っている感触として仕事はどんどん増えていくだろうと思えました。

信用と人脈とは表裏一体です。信用ができたときに人脈も形成されていると実感がありました。

ですから、私たちのような小さな会社が営業に行ってもなかなか仕事はもらえません。何度も通ううちに応援してくれるようになってくれたところこそが本物です。そういった顧客は熱心に営業活動を続けていれば必ず現れるものです。そこから紹介があったらまた行って、この仕事をやったら買ってあげると言われて、きちんと仕上げて納品する、ということを繰り返すうちに前の会社ではほとんど取引のなかったような、試薬会社、化学会社、いろんな会社とのつながりができてきます。それが人脈となってどんどん広がっていったように感じます。

その当時は本当に思う存分仕事ができると感じられ、初年度は仕事も給与も貧しいながらも毎日が楽しく感じられたものです。自分としては解き放たれた感じで良い状態でした。

妻や子どもたちには多大な迷惑をかけましたが、一緒に会社を立ち上げた２人も同じ考えだったと思います。その点、結束は固かったといえると思います。給与の遅配などはありましたが、少なくとも倒産することはないだろうという見込みは比較的早くに立っていたせいもあります。問題はお金が入ってくるときと入ってこないときとのタイムラグが大きかったことです。ですから給与は毎月出るとは限らず、みんなに迷惑をかけてしまいました。なんとかみんな乗り越えてくれたのはありがたいことだったと思います。

創業した１９８５年の12月31日に私はみんなの家に給与を届けるため駆け回りました。これ以降、資金繰りができ始めたので給与の遅配はなくなったのです。

元の同僚たちから相次いだ転籍希望

私たちの会社は前の会社に所属しながら不満をもつ人たちや、すでに辞めて別会社に勤めている人たちの集まる場になっていました。そうした人たちがやって来ては退職者が情報交換をすることも多かったのです。

そして収益が少しずつ上がり始めると、私たちの会社で働きたい、就職したいという人も出てきました。とはいっても、特に1年目は創業したてで余裕もなく、先行きは見通せなかったので採用などできるわけもありません。そうした申し出は断っていました。1年目は3人でスタートして、経理にも1人雇っていました。少し経ってから1人、前の会社にいた知り合いが辞職して転がり込んできました。まだ私たちの給与が遅配していた時期です。給与は出せないと言うと、当分はパンと牛乳で耐えるのでなんとか雇ってほしいと泣きついてきます。それなら、と仕方なく会社におくことにしました。

彼を含めると5人になりますが、1年目の頭数には入れていません。2年目は8人に増え、3年目はバブル経済で一気に景気が良くなり、試薬の注文がこなしきれないほど入ってきました。人手が足りなくなったのですが、世の中全体が人手不足です。今度は求人募集のため走り回ったものです。

いつしか前の会社の社員たちが訪れる頻度が減ってきて、どうやら私たちの会社への出入りは禁止されたらしいという情報が入りました。前の会社では社員の引き抜きとか社内の情報が漏れるとでも考えていたのではないかと思います。それが本当なら、むしろ逆効果だったと思います。退職を希望する人は出入り禁止令に関わりなくやって来ます。しかし私は、前の会社から社員は引き抜かないと決めていました。

私たちの会社が軌道に乗り始めると、入社したいという希望者は増えてきました。当初は現役社員の転籍はいったん断り、あくまで退職者に門戸を開きました。しかし、こうした制約をつくっても退職したい人は退職するだろうし、ほかの会社に転籍するのも私の会社にやって来るのも同じことだと考えるようになり、こちらから勧誘や引き抜きはいっさいしないけれども、門を叩く人は拒まないという方針に変えました。

結局、私たちが以前に勤めていた会社から私の会社の門を叩いた人は30人を超え、そのうち14人が転籍して入社しました。彼らは私の会社の管理職の中枢を担ってくれたのです。

創業１年目は１６０万円の赤字でしたが、在庫評価も何もしていないので実際は少しのプラスだったと思います。２年目は５００万円、３年目は３０００万円の経常黒字になっています。売上高が増えてきて、多くが手形決済となってきますと、資金不足に陥ります。

税理士に相談したところ、会社にとって資金繰りは生命線であり、下手をすると黒字倒産にもなりかねないし、資金繰りは社長の大事な仕事であり、本腰を入れて取り組むべきだと指導されました。それで創業半年後に兵庫県にある信用保証協会に債務保証を頼みに行きました。そこで保証してもらえれば私たち程度の会社でもお金が借りられます。

ところが研究開発をしている会社だと名乗った途端に、保証協会は製造業しか保証できないと言われてしまいました。慌てた私は、すぐさま研究所から仕事をもらって材料を作っているので生産会社でもあると訂正しました。その後、協会側は担当者1人では判断できないとして上司である課長が出てきて、交渉の末になんとか保証してもらえることになりました。

この保証協会の債務保証によって、すぐに銀行から500万円の融資を受けることができたのです。その翌年には神戸市のベンチャー資金から1000万円を借り入れることができ、少しだけ資金繰りに余裕ができてきました。しかし、まだまだ綱渡りのような状態だったのは確かです。

反応釜の導入で仕事の環境が変わった

私たちのような会社にとって設備投資は非常に重要です。研究開発のための設備がないと化学会社は経営できないといっても過言ではありません。しかし、どの機器も高価なものばかりです。例えばサンプル合成の研究だけならば必要な原料は5グラム、10グラムという程度なので十分に対応できます。しかし、発注を受けて原料が１キロ必要となると、初期に我々のもっていた機器では生産が追いつかなくなってきました。もっと大きな機器が必要なのです。さらに開発業務をやろうと思うとある程度の工場を整備しないとできません。

また、売上高が伸びるにつれて社員数も増えていきました。３人で始めた小さな研究所としての倉庫では賄いきれません。そこで創業から3年が経った１９８８年2月に、創業時の本社から50メートルのところに岩岡工場を建設しました。

土地の面積は1000平方メートル、危険物倉庫もつくり、さらには念願の反応釜を導入しました。1000リットル（SUS釜）、500リットル（SUS釜）、200リットル（SUS釜）、500リットル（GL釜）2基、300リットル（GL釜）と6基の反応釜です。なおSUSというのはステンレス製、GLというのはグラスライニング製です。

反応釜が入ったことがきっかけとなり、私たちの仕事を大きく変えていくことが可能になりました。サンプル合成だけだと完成した製品を納品した時点で仕事は終わってしまい、また次の仕事を探さなければなりません。しかし、そこから定期的な受注につなげられれば、今度はそれが収益となります。これらの反応釜で、より大がかりな研究開発ができるようになったことで、これまでの受託研究から受託開発、さらには少量ではありますが受託生産へと発展させられるようになったのです。

大きな設備投資と人材の投資が必要でしたが、受託研究―受託開発―受託生産を一連の仕事として受注することができるようになりました。これらの機器がフル稼働すれば売上高で4億円程度にはなるだろうという計算も立ちました。

岩岡工場の整備には大変な費用が掛かりましたが、我々は技術力には自信があったので、なんでも対応できるとも思っていました。銀行からも融資を受けました。結局このときは、設備投資のために約1億７０００万円も資金を借りていたことになります。

翌年11月には工場内に3階建ての合成研究所も建設しました。ここはワンフロアが１００平方メートルの小さな研究室ですが、当時は、これで研究スペースも大幅に改善され、研究陣の力も発揮できるようになりました。

新たに導入した核磁気共鳴（ＮＭＲ）装置は構造解析や分析面で多大な効果を期待できる装置です。強い磁場で試料の分子を共鳴させて観測するための機械です。要するに、試料がどのような構造をもつのかを詳しく分析するための装置だといえます。それまでの実験台だけの研究室では、サンプル合成の資料について私たちの手で調べることができず、うまく進められないこともしばしばありました。ＮＭＲ装置によって試料を詳しく分析できるので、分析能力は大幅に向上しました。

こうした設備投資の結果、大幅な利益増は望めるようになりましたが、巨額の設備投資により、資金繰りは厳しいものとなりました。そこで工場は賃貸で、また工場や研究室の設備はできるだけリースで調達することにしました。早く自己資金で設備投資を賄いたいと思いました。

取引先との関係構築の難しさ

売上が伸びていくと取引先との関係も濃密になっていきます。それがうまくいくこともあれば悪化することもあり、なかなか先を読むことは難しいといえます。バブル経済が活況を呈していた時代から一気に弾けて世の中が沈滞ムードに陥った頃は、まさにそんな状況でした。

当時は多くの企業との取引額が増えていったため、いくつかの会社からは私たちの会社の株式の一部をもたせてほしいという要望を受けました。熟考の末、関係が良好だった試薬会社と香料会社の2社を選び、協議を進めることになりました。

そのうちの一社である香料会社の担当者とは友好的な関係を築けていました。しかし、社長は高圧的な態度であったため、とてもではないが協力的な関係の構築は難しいと判断して、結局断ることになりました。一方で、試薬会社とは順調に協議を進めることができ、最終的に合意に達することができたのです。決算書も渡し、経営面での指導も受け、取引額もさらに伸びていきました。その会社との取引額は、会社の総売上額の30パーセントにも達するほどだったのです。

あるとき、決算書の経常利益が7200万円となっているのを試薬会社の営業本部長が見て、私の会社が儲け過ぎだから、すべての商品を半額にしろと要求してきました。無理難題を押しつけられたようなものです。当時はバブル崩壊後だったことから、その試薬会社の収益が低迷しており、焦燥感が募っていたことが想像できます。しかし、半値にしたら私たちは赤字になってしまいます。相手が本気でそう望むのなら、彼らとの取引は停止するしかありません。

そもそもその試薬会社は、少なくとも私たちの会社との取引で損はしていないはずなのです。当時、その会社との取引による売上高は1・6億円あり、それなりのマージンを取っていましたし、十分な利益は与えていました。彼らの会社の儲けが伸びないことは、決して私たちの責任ではありません。

このときに私が考えたのは、赤字になるような仕事であるならこちらから断る権利はあるはずだということです。互いの信頼関係がなければ先へ進むことはできません。社内にはなんとか関係を修復する方策を考えるべきだという意見もありましたが、あえて私は取引を停止することを決断しました。

先方の営業本部長にしても自社のための戦略だったと思いますが、社内での賛同が得られずに、結局退職されました。その後中国ビジネスに関わる会社を創業し、そこで成功を収めたと聞きました。私たちとは相性が良くなかったものの、実力はあったのだと思います。実力さえあればどこかで花開くのが、この世界です。

このときの経験を踏まえて、私はやはり大切な営業活動は自分たちで進めるべきであり、そのためには本格的に営業部をつくらなくてはならないと決断したのです。

1992年5月に、まずは東京営業所を開設し、2年後には本社営業部を開設しました。とにかく自社で営業活動を展開しなければ、売上はすべて取引先次第になってしまいます。社長である私が営業で取引先を回っていた頃とは格段に相手企業も取引金額も増えているのです。

自社に営業部隊をもつことで経営戦略も立てやすくなります。ただ、それまでお世話になってきた商社には引き続き仕事を依頼しました。

営業といっても東京と大阪では風土も文化も異なります。東京では商談をして話が決まればそのままの内容で進んでいきますが、大阪では必ずといっていいほど値切り交渉が始まります。これは地域ごとの文化としか言いようがなく、仕方のないことだと思います。私たちにとっては東京の取引のほうが合理的で仕事がしやすいのです。したがって、昔から東京が営業の中心になっています。

戦争や自然災害、不況による影響

会社の運営は世の中の景気循環や、時には海外での戦争、自然災害、人為的な大事件などの影響も受けてしまいます。その都度会社方針の方向修正をしていかなくてはなりません。

例えば、日本がちょうどバブル経済の終わりを迎えようとしていた頃、遠く中東地域で湾岸戦争が発生しました。1990年8月、イラク軍が突如クウェートに侵攻したことに対して、アメリカを中心とする多国籍軍が結成され戦禍が広まったのです。当時イラクの大統領であったサダム・フセインの名が新聞をにぎわし、海に流出した油にまみれた水鳥の姿は湾岸戦争を象徴する映像として多くのメディアに取り上げられました。

湾岸戦争に日本は自衛隊を派遣しませんでしたが、多額の戦費が国に要求され、支払うことになりました。日本国内でも1年間の期限で法人臨時特別税が課せられ、60万円ほどを支払った覚えがあります。遠い国で起きた戦争が日本にあるまだ設立したばかりの小さな会社にまで影響を及ぼすことがあるのかと、影響の大きさを改めて実感しました。この経験は、その後の私の会社経営の考えにも大きな影響を与えています。

湾岸戦争が勃発しておよそ4年後、会社設立から10周年にあたる1995年の1月

17日には、阪神・淡路大震災が発生します。震源からほど近い神戸も震度７という大きな揺れに見舞われ、私の会社は本社と岩岡工場が断水と停電の被害を受け、２週間ほどは完全に業務がストップしてしまいました。幸いケガをしたり亡くなったりした社員はいませんでしたが、親戚など近親者が被災したり亡くなったりした社員はいたため、特別休暇を与えて救援に向かわせました。

本社は火災にこそなりませんでしたが、本棚や試薬棚が倒れ分析装置の大半が実験台から落下する被害に遭いました。催涙性の強い薬品の試薬瓶が割れてしまい、後片付けも大変でした。棚などには倒壊防止のために針金で対策をしていましたが、すべて倒壊し、試薬瓶が割れたりしました。簡易な対策は役に立たないものです。ただアンカーボルトで固定した試薬棚で容器に入れて保管していた薬品類は発火性があるだけに心配だったのですが、瓶が割れて飛散することもなく無事でした。震災の前月は12月で、年末に危険薬品などの整理をしていたおかげで最小限の被害で済んだのだと思っています。

震災当初、神戸～大阪間を走る電車はすべて運行停止していたためバスが重要な交通手段になり、バス停には常に長蛇の列ができていたと記憶しています。本社と岩岡工場には被害が出ましたが、幸いなことに兵庫県神崎郡市川町にある市川研究所には被害が出なかったため、市川で当面の業務を行うことにしました。工場などの拠点を分散することの大切さも、この震災で実感したものです。

震災から少し落ちついた頃に、被害の大きかった知り合いの会社の社員から私の会社に求職の依頼が多数寄せられました。残念ながら私の会社もまったく被害が出なかったわけではなく、まだ赤字基調だったため大勢の採用は不可能でしたが、それでも3人の中途採用に踏み切りました。

これらの局地戦争、自然災害は突然やってきます。最近はウクライナ戦争や地球温暖化による気候変動も大きな問題となってきました。これらの問題は、我々が予想している以上のスピードで起こっています。したがって可能な限り対策を考え、経営に余裕をもたせることも大事なことなのです。

指針や目標が私の人生を面白くした

創業から最初の10年を思い返すと、いろいろと反省点もありますが、大筋では間違っていなかったと思うことも多々あります。例えば、会社を立ち上げたとき、私には自分なりの会社の理想像がありました。一つは技術屋として成り立たせることでした。技術で飯を食える会社にしたい、とにかく技術で勝負したいと思っていたのです。もう一つ、そこで作ったものをきちんと販売して会社を育てていこうということです。物ができたらそれでいいと思う技術者も多いのですが、売るところまで責任をもちたいと考えました。せっかく良い技術を開発しても、二束三文で売り払ってしまってはまったく商売になりません。しかし、そうした技術者を私は何人も見てきたのです。

やはり経営理念に基づいた技術を使っていかなくては会社という組織は成り立たないのだと思います。私たちの会社では経営についてもしっかりとした計画のもと進めていきたいと考えていたので、のちに技術職として入社してきた人たちには経営的なものの考え方を叩き込みました。経営に守られた技術、技術に守られた経営、経営と技術が合体した会社――これが私の理想だったのです。

年次計画と中期計画は毎年立案してきました。達成できなかった目標もいくつかありますが、やはり指針や目標を立てることは、仕事をするうえでの原動力になります。私の父もそうでしたが、近年においても零細企業や中小企業には目標を設定しない経営者はたくさんいるようです。しかし、目標を掲げることは経営者自身だけでなく社員にとっても仕事の原動力になり得ると思います。

会社目標と働き甲斐

「私達の目標」は会社設立と同時に作成しましたが、公開は5年後になりました。会社目標は私の経営方針そのもので社員に広く教えましたが、残念ながら関心のない人も現れます。

第1項は、科学（化学）技術分野での事業を目指す、です。私たちの得意とする分野で会社を興し、継続していきたいということです。

第2項は、社会に役立つ仕事を社業とする、です。化学というのは毒にも薬にもなります。オウム真理教が起こした地下鉄サリン事件のように、化学は悪用すれば大きな社会悪につながる危険性があるのです。私たちは絶対にそんな仕事はしないと誓いました。これは化学兵器だけではなく公害や安全対策も含んでいます。近隣の住民に迷惑をかけるような仕事では会社設立の意味がないということです。

第3項は、会社を大きく発展させたい、です。前の会社を辞めた経緯もあり、自分の考えていることが正しいと証明するためにも私は新しい会社を発展させたかったのです。そして、せっかく会社組織にするのなら20年後にも同じように3人でやっているのではまた意味がありません。残念ながら30年後に社員数１０００人の大企業をつくるという夢は達成できませんでしたが、社員数３００人弱の会社には成長できました。私としては十分に満足しています。

第4項は顧客と共存共栄を図る、です。決して手を抜かずに顧客に喜んでもらえる仕事を心掛けようと思いました。

第5項が、社会の一員であるという自覚をもつ、です。会社も社員も社会的な責任を果たす行動を取れば、社会から歓迎されるようになります。これらを目標として掲げて、常に行動の規範としようと思ったのです。第1項、第3項とも関連しますが、多くの企業が十分な利益を上げることができず、税金の支払い額を抑えるすべがないのか苦心しているというのが現状です。同じように私たちも税金の節減を考えるような会社をつくっていては仕方がありません。税金を支払うためには会社もまた成長していく必要があります。それは、これらすべての目標とも関連してくることです。その後、私の会社は創業から25年ほど経った頃、兵庫県から納税功労表彰を受けました。

零細企業である会社がこのように会社目標を策定し、理念として掲げているところは少ないように感じます。しかし、たどり着くべき目標や守るべき理念をもたなければ組織というのはどこへ流れていくか分かりません。会社の発展も望めず、常に現状維持を続けていくようになってしまいます。

私たちはそうではなく1年ごとに少しでも前進し拡大していく組織でありたいと願いました。一歩ずつが仮に小さくても20年後には、例えば前に勤めていた会社を追い越し、30年後には大企業の仲間入りを果たせるのではないかと思いました。そのためにも会社の理念が必要だったのです。

会社規模を拡大していくためにはやはり社員が辞めない会社にしなくてはなりません。社員の入れ替わりの激しい会社は決して拡大していかないのです。私の前の会社は、私が勤めていた最中から多くの退職者を出すようになりました。良い環境に恵まれていれば、社員は多少の不満は我慢できるものです。ですから私は社員にとってやる気の出るような職場を構築するように努めました。給与や賞与についても、可能な限り他社に見劣りしないように、地元の神戸商工会議所の集計する給与体系などを指標として設定しました。また、技術者が多く在籍しているので大学院などで学び直したいという社員も出てきますし、大学や理化学研究所など国の研究機関で働きたいという要望も出ます。大量に辞められてはこちらも困りますが、適切な人数であれば推薦状を書いて送り出したりもしています。そうしたこともまた職場の雰囲気づくりに役立ったはずです。

会社を発展させるためには、こうした人的資産を大切にするとともに仕事そのものも常にパワーアップさせていかねばなりません。私は仕事に対する付加価値の開発こそが大切だと考えているのです。これまでの仕事に付加価値をつけることで、一段上の会社に発展することが可能になります。早くからそれを考え始め、とにかく付加価値をもつ新規事業を探し、果敢に挑戦してきたのが私の会社の歩みだといえると思います。

仕事とはリスクを背負い付加価値を増やすこと

私の会社は当初、受託による研究開発用のサンプル合成の仕事を中心にしていました。これは設備もそれほど必要がなく、私がもってきた仕事を3人が会社でやっていれば十分に利益が出ました。まずは、この仕事によって倒産はしないだろうという自信になったのです。それでも1年近くは経済的に厳しい状態が続きましたが、なんとかやり繰りしながら会社を続けたところ、2年目には一気に仕事量も増えて人員も増加する必要が出てきました。

このままのペースで仕事を受注できれば、零細企業ではあるが会社の継続は可能です。しかし、私はこれでは満足できませんでした。ここから一段階アップしたところへ進出して、会社の発展を目指したかったのです。

会社の目標の第1項である、科学技術による会社の運営はないがしろにはできません。そこでサンプル合成から受託研究、受託開発、いずれは受託生産までもっていければ会社も発展し続けるのではないかと考えました。要は、依頼されたサンプル合成や研究を顧客である企業に戻すだけで仕事を終えるのではなく、製品の開発、製品の生産まで受託できるようになれば仕事が継続し、かなり大きく発展させられるはずなのです。もちろん、そのためにはリスクを背負う覚悟も必要です。新事業には大きな投資をしなくてはなりません。社員の賛同を得たり、銀行からお金を借りたり、新たな顧客を開拓しなくてはならないのです。実は、ここに大きな障壁が存在しているため、多くの企業がなかなか次のステップに移れずにいます。そして現状維持で良しとしてしまい、やがては先細りしていくことを座して待つことになっていくわけです。

とにかく付加価値を生み出し、会社目標の第3項にも掲げられているように、会社を発展させていくことで私たちの意志は統一されていました。そして創業後にはたくさんの付加価値を創出していこうと努めてきました。私としては、これは決して終わりのこない、いばらの道だと思っています。私たちの実力が伴い、社会にとって先見性のある付加価値であるのなら必ず成功するはずです。その逆であれば失敗してしまうに違いありません。スタートしたのはいいけれど撤退した分野も少なからず存在しています。例えば中国、アメリカでの子会社の運営などがそうでした。方向性は間違っていなかったと思うものの会社の体力が伴わなかったのだと思います。

一方で、長期的に付加価値創出のための先行投資を続け、なんとかものにしていった付加価値もあります。機能性材料における受託開発、受託生産などはそのいい例です。これらは準備を始めてから8年ほどで軌道に乗せ、大きな利益を生むビジネスになったのです。

スタートさせた医薬ビジネス、ペプチド・核酸ビジネス、バイオビジネスは長い間赤字続きで苦しみました。これらを商売のレールに乗せるには15年～30年は必要だったのです。少しずつ仕事として売上にも結びつくようになり、ビジネスそのものはより発展を続けています。

とにかくビジネスは継続させていくことが大事です。その間、先行投資が続くので部門赤字は覚悟することが大切です。1年や2年の赤字だけで撤退するようではもったいない話です。特に医薬関係は初めから長期戦になることを織り込み済みで働かねばなりません。もちろん、赤字は覚悟といっても会社全体で赤字となっては困ります。赤字にならない程度に先行投資を抑えながら、より大きく伸びていく方法を取る必要があります。その点、付加価値を創り出し、なおかつそれをビジネスとして成り立たせていくのは容易ではありません。

新規分野の開拓には巨額の設備投資が必要だった

私たちのように有機化合物を取り扱う化学会社の場合、付加価値を生み出すこととペアになっているのが、設備投資です。適切な設備投資なくして成長はないということが私の信念です。機能性材料分野で受託生産体制が整うまで18年掛かり、医薬分野では30年近くを費やしています。この間、私たちは漫然と時を過ごしてきたわけではなく、毎年のようにお金を工面して設備投資を続けてきました。阪神・淡路大震災やリーマン・ショックなどの不況時にも、工場を開設したり社員を社外に派遣したりするなどして粘り強く生産体制の実現に取り組んできました。

試作から生産まで一貫して進めるための設備投資となると、数十億円の経費が掛かります。

これまでにたくさんの研究会社とか分析会社を見てきました。彼らは研究業務とか分析業務から仕事の幅を広めません。箱の中だけでの活動は安全で居心地が良いのかもしれませんが、自分たちで発展のチャンスを閉ざしているかと思います。成長を止めてしまうことですから、利益が目減りしていってしまいます。

設備投資をすれば新しい事業も期待できますし、利益も増加させられるのですが、償却が増えて利益を圧迫するのは避けられません。時には、現状維持よりも利益減となるケースもあります。しかし、償却以上の利益を出すことができれば利益は増えていきます。しかも将来的な利益増も望めるのです。ですから採算点の見極めさえうまくできれば、会社の成長には設備投資が最も有効だといえます。

私の会社も成果の出ない設備投資を随分と経験してきました。そのなかで何度も失敗しながら学んできたのです。例えば長い期間模索しながら設備投資の５年ルールというものをつくり上げました。大きな設備投資は会社発展のために必要ですが、常に過剰投資となる可能性がつきまといます。それで３年ほど大型の設備投資を実施し、２年間は減らして様子を見るのです。この間に仕事の受注具合などが判明してきます。それによって改めて設備投資に向かうかどうかを決めるのです。拡大と縮小とを繰り返しながら進めていくわけです。

バブル崩壊後の不況時には、あえて年間売上高の３分の１にのぼる１・６億円を費やし金属加工会社の市川工場を購入し、さらに４０００万円を掛けて改修工事を施して市川研究所兼工場として開設しました。銀行から１億３０００万円の大口融資を受けられたことで可能になった事業ですが、拠点が一つつくられたことで受託研究から開発へと一歩前進できたといえます。これも、しっかりと指針を示して経営に取り組んできた結果であると思います。

父との関係の変化

1993年頃、私の父はあれだけ起業に反対していたのに、手のひらを返したように会社を訪ねてきて私のことを褒めるようになりました。とにかく父は変わり身が早い人なのです。もちろん、父も幼い頃から苦労しているため社会の厳しさもよく知っています。さまざまな苦労を経験するなかで、処世術として身につけたのが変わり身の早さなのだと思います。

父は自分の店の経営からは引退して姉の夫に全権を譲っていました。のちには妹の夫である、私にとっては義弟が後を継ぎました。この義弟の代で店は廃業することになります。

この父の店も家族だけで運営していけばいいという方針でやっていましたが、最後までそのようにしていたので、それはそれで貫いたといえると思います。

かつて日本で自家用車を100人に1人ぐらいしかもっていない時代に、父は車を所有していました。家も大きなものでしたし、儲かってしようがない時期があり、土地を買い漁ることもしていました。その土地に文化住宅を建て、そこに住む人々が自分の店に買い物に来るといったように、うまく回っていた時期もありました。父は習字が上手で半紙に貸家の広告を書くわけです。それを小学生から中学生の頃の私が電信柱に貼りに行きました。貼り紙禁止でも貼ってこいと指示されました。戦後は米穀会社の役員をやっていて米行政に携わっていたにもかかわらず、闇米を扱ったりもしていました。終戦直後には燃料が商売になると考え、神戸の疎開先の近くに食料品と燃料関係を兼ねた店を出しました。その店が繁盛して配達する人がいないので、小学生の私が駆り出されたのです。今では考えられないことです。

相続の遺言はありませんでしたが、姉や妹に財産の分配は伝えていたようです。私には実家とお店の4分の1の権利が割り当てられていました。私は父に財産はいらないと申し出ていましたが、遺言どおり割り当てられました。私も見晴らしの良い場所に立つ立派な実家をもらいましたが、住む予定はありません。

ところが、気がつくと神戸市の災害指定地になっていて、二束三文の価格になっているのです。誰も買い手がいないので親族に、確か200万円ほどで譲りましたが、この家屋を相続するときに相続税600万円ほど支払っているので完全な赤字です。この地域は過疎化が進み姉妹たちが相続した文化住宅もまったく価値のない贈り物になっていました。時代の移り変わりは怖いものです。父が一生懸命つくり上げた財産は価値のないものになりました。父がこの現実を知れば嘆き悲しんだことと思います。

姉や妹の夫より、父はやはり血を引いた息子に店を継がせたかったのだろうと思います。私も家の手伝いは文句も言わずにやっていました。父の義兄が毎年元日にすき焼きパーティーを呼びかけ、自分の親族を集め宴会を開きます。父の一家もまた商売人ばかりで、父は私を連れていってくれました。その場でみんなが商売の談議をしていて、親戚の団結の強さを感じました。私はただ聞いているだけなのですが、父は商売の雰囲気に慣れさせたり、またいろいろなことを覚えさせたかったりしたのだと思います。そんな父の期待を裏切ったのですから親不孝だったと思いますが、両親の古い考えでは時代の流れに追従できないことは明らかでしたし、結果的に私は父の呪縛から逃れるために大変な犠牲を強いられました。会社がうまくいき始めてからはとても喜んでくれたことが救いです。

10周年を機に本社移転を決断

1995年の阪神・淡路大震災による被災とぶつかってしまい、記念行事を1年遅らせることになった創業10周年でしたが、なんとか経営は軌道に乗りつつありました。ただ、さすがに10年となると業務以外のことでも大きく変化してきていました。

本社は10年間ずっと同じ場所、同じ建物で運営してきました。おまけに営業、人事、資材、経理などは私と営業2人、事務員と経理担当のパート社員の合計5人で処理していたのです。さすがに私1人が動いていた営業については震災の前年に営業部を開設しましたが、ほかの仕事ではもう限界を超えてパンク状態となっていました。

社内設備についても同様です。創業時のまま応接室もなければ会議室もありません。もちろん社長室もないのです。スレート葺きの古い建物で、それでも省エネ経営を標榜してなんとか10年間頑張ってきました。しかし、社屋もそろそろ限界だったようで、求人募集に応じて面接に訪れる入社希望者が増えて、面接に来たのはいいけれど、本社の建物のあまりのみすぼらしさに驚き、何人かの求職者が面接を受けずに帰ってしまう事態が起こりました。合格の連絡を入れても辞退されてしまったことも二度や三度では済みませんでした。そうなって私は、改めて自ら本社屋の姿に見入ってしまったものです。大企業からの仕事が舞い込み技術者が打ち合わせに来ても応接室もありません。狭い社屋で話し合いとなります。

いつしか慣れてしまい会社業務とはこのようなものだと思い込んでしまったのですが、さすがに新入社員の採用や打ち合わせに支障が出始めていることに気づき、移転を決意したのです。

ＪＲ神戸線の大久保駅前が開発されていて、事務所用の賃貸ビルがつくられました。そこに１９９７年8月に移転し、やっと社長室、応接室、会議室も整い、５年間、本社としました。２００２年には神戸市西区にある西神工業団地内の建物が売りに出ていたので、そこを購入し大幅な改装工事を施し、本社の再移転をしたのです。

とにかく私たちの会社は受託開発、受託生産がメインの仕事です。あくまでそのための研究所や工場、そこで使用される設備に投資することが主であり、本社の応接室だの会議室だのは二の次、三の次と考えていました。ですから、初めて本社を移転する直前に、市川研究所に5つの反応釜など付属設備を含む試作工場をつくり上げ、岩岡工場と2工場体制を敷くことになりました。翌年には新たに第2研究棟も完成させ、高度分析装置（ＬＣ－ＭＳ）も導入しました。この分析装置は島津製作所と商談をし、そのときに技術者としてやって来たのが田中耕一氏でした。この4年後、テレビや新聞で田中氏のノーベル化学賞受賞のニュースが流れたときには驚きました。このような形で化学技術が注目されるのはとても喜ばしいことだと思ったものです。

こうした設備重視の考えは、いまだに変わりなくもち続けています。

第4章

零細企業から中小企業、中堅企業へ——

会社を発展させるために〝将来ビジネス〟を創造する

少年時代の夢を抱き続け、再び研究者の道を志す

私が筑波大学大学院の応用生物化学専攻の博士課程で学び始めたのは１９９７年のことです。そのとき私は55歳で、会社が12周年を迎えた頃でした。ちょうど前年に阪神・淡路大震災による１年遅れの記念行事を行ったところで、会社としては伸び盛り、元気いっぱいの時代といえます。

その時期にあえて大学院に入ったのは、知的欲求や学び直しといえば聞こえがいいですが、要は若い時期に研究職を目指していたのに、いつしか製造や営業、そして社長としての経営を担っていることに対して、ほんの少しだけ残念に思う気持ちがあったせいだと思います。

もちろん、営業や生産などもやっていくうちに面白くなりましたし、社長として仕事もフル回転で働いていました。それでも小学5年生のときに科学というものに目覚めてから抱き続けてきた研究者への憧れは、50代半ばになっても続いていたのです。

どのような業務に就いていようと、いつかは研究に戻りたいなと淡い夢をもち続けていたことは確かでした。

筑波大学に進んだのは、当時、修士は出たけれど博士号をもっていない研究者に筑波大学で博士号を取らせようというプロジェクトが始まり、学生を募集していると聞いたからでした。

ちょうど農学研究科の長谷川宏司教授と植物の成長ホルモンなどの共同研究をしていた縁もあり、私も博士課程に参加しないかと勧められたのです。なんとか通うことも可能ではないかと考えて応募し、受験もしました。過去の研究実績とこれからやりたい研究についての発表が主なもので、たくさんの質問が出ましたが化学反応については専門分野なので困ることはありませんでした。

受験には無事に合格し、ともに学ぶ学生たちの両親より年上の同級生となりました。いや、そもそも担当の長谷川教授より年上なのです。それでも、先生も学生も温かく接してくれました。長谷川研究室は人気のある研究室で5人もの博士コース学生が在籍し研究室でのボウリング大会、釣り大会、麻雀、飲み会なども経験し、楽しい学生生活を送ることができました。

大学には週に1回から2回は通うようにしていたのです。授業は午後3時から6時の時間帯にあり、朝は5時台に神戸市営地下鉄に乗って新幹線の駅に向かい、夜は12時過ぎに家に帰るような生活です。睡眠は新幹線の車内で取るようにしていました。

ちなみに、博士論文のテーマとなる研究は、私の会社の研究室で行いました。大学の研究室より設備がそろっていることもあり、大学並みの研究が可能となっていたのです。1人実験助手も付けて実験をさせていました。このあたりは社長特権であると割り切り、とにかく研究を成就させたいと思っていました。

論文のテーマは三度変更されて、最終的に長谷川研究室で発見された植物の成長ホルモンのレピジモイド（二重結合を有する二糖）の簡便な合成法の開発が求められました。すでに22工程もの長い工程を経て化学合成されましたが、簡単に合成できるものではなく、簡便な合成法が必要とされていたのです。

植物のオクラから抽出した粘性多糖（天然物原料）からの合成をテーマとしました。目的物を簡便に合成する方法を発明でき、その立体化学や物性も明らかとすることができました。自分でも納得のいく研究でした。論文は『テトラヘドロンレターズ』と『カーボハイドレートリサーチ』に掲載できました。いろいろな反響もあり、長谷川教授からもお褒めの言葉をいただきました。

ただ、ここに至るまで7年もの時間が掛かりました。55歳で入学して、気がつけば還暦を超えて62歳となっていたのです。私はどちらかというと気が短いほうですが、これほど長きにわたってよく通い続けられたものだと我ながら感心してしまいました。やはり、これも子どもの頃に芽生え育っていった夢のおかげです。

博士号の学位取得は２００３年12月31日で、翌年の3月末に筑波大学大学院博士課程を正式に修了となりました。

なお、修了と同時に大学院生を対象とした「生命産業特論」の2単位の集中講義を担当するよう命じられ、初めは断ったものの十分に資格があると諭されて引き受けました。講義の内容は製薬業界の状況として、学生たちの就職にも活かされたかもしれず、それなりに関心をもって聴いていただいたようには思います。その結果、交流のあった学生のうち2人が後日私の会社に入社しました。こうした出来事も一つの縁なのだと考えています。

こうして7年間も学び続けたことを無駄な時間と思うか、それとも遠回りではあったものの貴重な経験であり学びであったと思うか、その違いによって得るものは大きく変わってしまうように感じます。私にとっては、とても大きな財産になっていると思っています。私の同級生は50歳で、私は63歳で博士号を取得しました。やればできるのです。

私の会社に入社してくる人の理系と文系の比率は9対1で、ほとんどが理系の技術者です。文系出身者はとても少なく、事務職でも技術者が担当することが多いのです。社員が250人のときに統計を取ったのですが、博士号が35人ぐらいで修士が100人ぐらいでした。就職にあたって理工系出身者は大学院修了が当たり前の時代になりつつあるようなのです。

昔は論文を提出しただけで博士号をもらえたという人も多かったのですが、最近では大学院に通わなくてはならないので難しくなっているようです。それでも大学院修了者は決して減少しているわけではありません。

キャリアアップについてはもちろん応援しているものの、例えば博士号をもっているから給与が高いといった優遇措置はありません。あくまで仕事の評価だけです。これは会社によって対応が異なり、なかには博士号に対して優遇するところもあるようですが、私の会社ではそこまでの厚遇は行っていません。博士号の有無にかかわらず、とにかく仕事さえできればそれで構わないという考え方です。

技術職の人が出世するために必要なこと

起業したときの3人はそれぞれが技術者でした。私のあとに社長を引き継いだ宮内などは前の会社で技術だけでなく営業も経験しています。ですから、創業当時の営業は主に私が担当しましたが、あとの2人も顧客の研究者や営業マンと折衝するなどの営業活動を行っていたのです。

私の会社では技術職で採用して営業に回るケースが多く、自ら望んで営業を希望する人もいます。受託研究や受託開発などでは仕事をもってくるのは顧客企業の研究所からになります。そうすると研究内容を理解していなくては話もできません。技術者ならば、技術的なことを分かったうえで営業活動に入れるというわけです。私の会社のような研究開発会社では、仕事の見積もりもできないようでは営業の意味をなしませんから、技術的素養は必要条件といえます。

それとともに、私がそうであったように技術者でありながらいろいろな部署を経験するのは決して無駄にならないだろうと思えるのです。社員にもそうした経験を活かしていってほしいために、なるべく多くの部署で働いてもらうようにしています。

技術系の企業であっても、大きな企業になればなるほど役員の8割方が文系の人間であったりします。私の知り合いの技術者が怒っていましたが、研究者や技術者では出世できないというのです。確かに見渡してみると、そうした傾向はあるようです。

ただ、それも仕方のない面もあり、文系で入社した人たちは特に決まった部署がないためにいろいろなところに回されたりします。そこでいろいろな仕事を経験できますし、人間関係が生まれ、社内的にもさまざまな社員と話す機会が出てくるのです。

ところが、理工系の研究者として入社した人の場合、優秀であればあるほど研究室など一つの部署にとどめられてしまいます。そこで他人と付き合うことも少ないので、どうしても視野が狭くなりがちです。

研究により新商品が開発されれば、莫大な利益を会社にもたらす可能性はあります。研究室ですばらしい候補物質が見つかれば研究開発に進みます。大量の開発用のサンプルが合成され、厳しい評価テスト、耐久テスト、大量生産の検討、環境問題、毒性問題等々が検討され、医薬品の場合はさらに許認可の関門があります。

このように新商品の開発には、会社全体を巻き込んだ経営力が問われます。そして研究者もまた、研究以外のプロセスや会社全体の経営に関わることなど、幅広い知識が求められます。

巨大企業でも早い時期に研究所から他部署へ異動した人のほうが出世も早いという話はよく聞きます。役員には幅広い見識と経営力が求められるので、いろいろな部署を経験し、幅広い経験を積んでいることが重要なのです。

もちろん大型商品の発明者は高く評価されますが、企業化はプロジェクトとしてたくさんの人たちによって実施されます。大型商品の発明は一生かかって1つ発明できれば最高とされるので、運もあり簡単なことではないのです。

経営が分かっていなければいくら良い技術を身につけてもそれを安く売ってしまいメリットがありません。まず優秀な技術があり、それを社会に評価させてお金をもってくる、そうして初めて会社の経営が成り立ちます。会社では上手に会社経営ができる人が出世をするのです。

とにかく経営は視野が広くないとできませんから、ほかの部署の仕事内容も分かったほうがいいのです。

どんな仕事も経営に集約される

私は製造にも営業にも興味がありませんでした。ところが製造に行かされて8年、一生懸命にやっていると在庫管理、原価管理もできないといけないと分かります。付き合いのある得意先が今後どういう製品を注文するのか。これまでの注文表やこれからの注文予定も見たりして分析を行います。

そうやって熱心に調べたり、また相手企業の話を聞いたりしていると、どんどん仕事の内側について理解が深まってきます。そうなると俄然仕事が面白くなりますし、自ら進んで勉強することも増えてくるのです。利益や原価管理の勉強もしていくうちに、やがて在庫管理もできるようになり、そうすると税務署の対応も任されるようになります。

こうした仕事をしているうちに、気づいたことがあります。それは、もともとは研究のような仕事も営業のような仕事も製造のような仕事もみんな一緒であるということです。会社内で分業が当たり前になっていく過程で細分化されたものの、本来はすべて経営に集約されるのではないかと思うのです。それならば営業も生産も、その部署に回されたとしたら一生懸命に努めるべきです。それらは一つの仕事としてつながっているはずですし、その連なりが感じられれば必ず面白くなっていき、やればやるほど知識だけでなく知恵も増えていくのです。

企業分類（5つの箱）と新しい箱の創造

企業は規模において5つの「箱」に分類できます。製造会社や商社であれば零細企業は社員数が10人程度、中小企業は30人から50人程度、中堅企業は200人から300人程度、大企業は1000人以上、巨大企業は5000人以上と私なりに分類しています。産業によってはこれらの分類は適応できないケースも考えられます。

これらの分類は単に大きさだけを表しているのではなく、それぞれに固有の特徴があります。

零細企業は下請け、孫請けとして特定の会社に従属している傾向があり、大半は営業部門をもたずに社長や専務が兼務している状態です。零細企業として活動すれば、いろいろと面倒を見てもらうことができ、それなりに居心地が良いのではと思えます。

零細企業から中小企業へランクアップするには経営の発想を変えなければなりません。営業部門をもち自主的な活動をしなければ規模の拡大は難しく、大きな障害が存在します。

中小企業は比較的小さなマーケットに対する営業活動をしていますが、独自の営業部門をもっています。しかし、活動範囲は既存の範囲に限られます。新しい分野に進出しても新しい技術も生産体制もないため、進出したくても進出できないのです。中小企業から中堅企業となるには大きな技術力と生産体制をもたなければならず、営業力だけでは何もできないのです。

中堅企業は特定の分野で高い技術力と商品をそろえて陣取っている存在です。マーケットもさほど大きくはないので大企業からの参入は少ないわけです。１９６０年代から１９７０年代にかけて、巨大化学会社や繊維会社の分析部門など、研究部門を独立させて新会社がたくさん生まれました。分析会社等は市場の拡大により大企業に成長しているケースもありますが、活動分野は研究とか分析に限られています。しかし、成熟した従来の分野で戦っているので大きな発展が少ない代わりに、同じ分野での活動はリスクも少なく居心地は良いといえます。

大企業は高度な技術力と巨額の設備力により大きなマーケットを押さえています。

中堅企業からの参入はありません。

巨大企業はたくさんの子会社群を従え、インフラを押さえ産業界に君臨しています。しかし、最近はグローバル化の進展、企業の不祥事、円高等により、日本の産業界における地位の低下が明らかとなり、ほころびも出始めています。


私の会社は3人で受託研究会社を立ち上げ、零細企業、中小企業、中堅企業を経験してきました。安定した日本の経済社会において、一生懸命働くだけでは箱の中をぐるぐる回っているだけで発展できないと思えました。発展するためには現在の安住の地（箱）から、新しい安住の地（新しい箱）を開拓することが必要なのです。

私たちの新しい箱の規模は10倍程度になっています。社員3人のときに、ただ100人とか1000人の会社をつくると言っても誰も話を聞いてはくれません。それでは、私の構想は販売計画等には入らないのです。しかし、営業部をつくりたいとか、事業を受託研究から受託開発、さらに受託生産まで広げたいといった話は理解してもらえるのです。受託開発担当者は自分たちの仕事を成功させるために、巨額の予算を要求します。常に巨額の予算案が出ますので、私は同調者とともに用心深く経営判断をして、前に進めばよいのです。その具体策は年次計画や中期計画に反映されます。

医薬部門で受託開発とか受託生産に進むためにはGMP規制（医薬品の製造・品質管理基準）を乗り越えなければなりませんから大変な作業が待ち構えていたのですが、社員は頑張ってくれました。おかげ様で、医薬品原薬の受託生産まで進むことができたのです。

また、将来ビジネスとしてバイオとペプチド・核酸ビジネスの受託研究を始めることにも賛同してくれました。ただこれらのビジネスは経験も少なく、業界の動きも当初は鈍い状況が続いたため、毎年赤字でした。それでも受託生産まで行うと宣言し、大きな投資をしてきました。10年以上は苦戦続きでしたが、なんとか社員は苦境を乗り越えてくれました。最近は業界も非常に活発となったので、医薬、バイオ、ペプチド・核酸ビジネスは大きく成長し、職場の雰囲気は一変しています。医薬事業部が機能性材料事業部を追い越し稼ぎ頭となってきたのです。とはいえ、創業当時からの機能性材料事業部の安定的な収益がこれらの新規事業を育てたのは間違いありません。

零細企業から中小企業への発展

会社も創業当時は社長である私が営業を取り仕切り、かなりの部分（30パーセント程度）を特定の試薬会社からいただく注文で経営をしていました。まさに零細企業です。当時、試薬会社の営業本部長は私の会社の第7期の決算書を見て儲け過ぎだと指摘し、すべての商品を半値とする大幅な値下げ要求をしてきました。バブル崩壊後の厳しい時期で先方の業績も低下していたのだろうと思われます。そうだとしても、個々の商品については担当者と私の会社で値決めをし、先方も十分に利益は出ているはずでした。それで儲からないというのは我々の責任ではありません。半値にすれば我々は赤字になりますから、それは受けたくないと私は考えました。社員の大半がなんとか頭を低くしてでも関係の継続を希望していましたが、これでは零細企業からの脱出はできません。私は取引の中止を決断して、東京に営業所を開設する準備にかかりました。

東京営業所の開設には、最低でも営業マン１人、事務員１人に家賃ほか経費で２０００万円以上が掛かります。第８期の経常利益２７００万円が吹っ飛んでしまう額です。社内の賛同はなかなか得られませんでしたが、営業所をつくれば仕事が増え、その仕事を果たせば利益が出るのは間違いありません。また、研究会社でスタートしたとはいえ、機能材料分野では受託試作とか受託生産の分野への進出が見込める状況になりつつあったため、会社の発展のためにも営業力はますます大事になります。

私の会社の将来ビジネス構想としては「営業体制の整備」「機能材料分野での受託生産までの事業拡大」を社員との共通認識にすることができました。そしてこれらを当面の目標とし、中期計画や年次計画を立案していったのです。営業体制の確立は下請け体質からの決別であり、零細企業からの脱皮も意味しています。また、受託研究から受託生産まで事業を進めることは何カ所もの工場建設を伴い、桁外れの投資を意味します。そのため何年も時間を掛けて進んでいきました。その後、東京と神戸に営業部を開設し、機能材料分野も少量の生産体制が整いました。

私の会社は営業体制の確立により大きな障壁を乗り越え、零細企業から中小企業へと駒を進めることができました。我々は新たな将来ビジネス構想を現実のものにすることができ、第8期は社員数32人（役員を含む）、第12期は社員数52人まで増加し、数のうえでも実質的にも中小企業へと脱皮することができたのです。心配していた東京営業所の経費は問題なく乗り越えることができました。

中小企業から中堅企業への発展

創業当時は機能性材料の受託研究と医薬（低分子医薬品）材料関係の受託研究の仕事をたくさんいただくことができました。機能材料関係はすばらしい性能をもった物質が見つかれば試作段階の仕事に進めますし、それによって受託生産への道が開かれました。

医薬材料の場合は医薬候補品が見つかると前臨床テスト（動物によるテスト）が繰り返され、次は臨床テスト（人への投与によるテスト）が繰り返されます。この材料は治験薬と称され、医薬品と同じ法律的な規制（GMP規制）を受けて生産されなければならず、ここに大きな障壁があります。何人もの専門家を雇用し、製薬会社から指導を受けながら学んでいきました。また、ジェネリック医薬品の生産を依頼されたのも幸運でした。医薬品分野も長い年月が掛かりましたが、GMP規制をクリアして受託生産まで進出することができたのです。

さらに、私たちは有機合成化学という手法によりいろいろな物質を合成して社会に貢献しています。生物はその設計図であるDNAからいろいろな物質を効率的に合成して生命活動を行っており、人間は約2万種類もの物質を合成しています。これらのメカニズムも徐々に明らかとなり、21世紀はバイオの時代とされています。個人的にはバイオによる物作り（高分子医薬品）分野に参入したいと考えていました。同時に、核酸とかペプチド（中分子医薬品）分野の受託研究ビジネス分野への参入ができないものかとも考えました。

バイオと核酸・ペプチド分野は将来大きく成長する分野だと予想されます。我々の将来ビジネス構想にこれらのビジネスを取り込みたいという考えです。長い時間が掛かりましたが、ペプチドチームと分離精製チーム（発酵、核酸合成を含む）を起源としてバイオの受託研究、またペプチド・核酸分野の受託研究に到達することができました。

機能材料分野、医薬分野（低分子医薬品）・バイオ分野（高分子医薬品分野）・核酸ペプチド分野（中分子医薬品）の受託研究、受託開発、受託生産までを我々の将来ビジネス構想としています。社員と共有し中期計画や年次計画に取り込んできました。第34期の社員数は254人まで増加し、中小企業から中堅企業まで発展できました。

これらの将来ビジネス構想は10年、20年単位で完成するものではありません。まだ、やっと入り口に到達した段階といえます。会社設立当時は30年も元気で働ければ化学分野の大企業（社員数1000人）を構築する可能性はあると思っていましたが、そんなに簡単なものではありませんでした。

このまま進めて、大企業まで進めるのかどうかは分かりません。それでも現在のビジネス構想を続けていけば、運が良ければ大企業まで進める見込みはあると考えています。しかし、社会の要請が変わり新たな将来ビジネス構想が必要になることも十分考えられます。

会社を発展させるためには経営者は将来ビジネス構想を立案し、社員を巻き込み目標とし、各種計画に予算を取り込む必要があります。目標がなければ計画は立案できません。私の経験から、時々自らのビジネス構想を社員に向けて紹介していれば、気がつかないうちにコンセンサスを得ることもできます。大きな事業目標は反対されずに受け入れられますが、数値目標は大きな計画を立てると聞いてもらえません。

社員数３人から３００人まで拡大し、給与体制も改善されたことに誰も反対しません。しかし、巨額な投資をして１０００人の会社をつくると言っても誰も話を聞いてくれません。数値のないビジョンを語るだけでよいのです。

すべての経営者は「もっと儲けたい」「もっと発展させたい」と本心から願っていると思います。しかし、一生懸命働いてさえいれば達成できるというわけではありません。経営者は将来ビジネス構想を立案し、そこに会社を誘導し顧客とともに新たな安住の地を獲得することを考えなければならないのです。それができてこそ、発展もでき利益も増えるのです。もし、その将来ビジネス構想が間違っていたら大変なことになりますから、その場合は早い時期に修正する必要があります。私も残念ながら、海外ビジネスからは早い時期に撤退しました。

ただ、私は将来ビジネス構想を立案し社員の賛同を得て、新天地を開拓することが会社を発展させるということだと確信をもっています。狭い、既存のビジネスの場で同業社と戦うよりも、自ら将来ビジネスの場を構築したほうが競争相手が少なく発展もスムーズにできるはずです。古い箱の中で、取った取られたと争っていても発展はできないのです。

創業当時に目標としてきた、前勤務会社の規模を追い越したいという目標は第19期に達成できました。売上高は25億２７００万円、経常利益7億円、社員数は１１３人となりました。また、関西圏での研究開発会社の先輩たちにも追いつくことができました。ここまでにするために20年近く掛かったために、前勤務会社で議論を闘わせた先輩は全員が引退しており、すべて帰らぬ人になっています。追いつき追い越せと頑張って来ましたが、追い越してみるとなんの感情も湧かないものです。私の会社がここまで発展できたことを1人で祝うだけでした。

他社と同じように取り組むだけでは現状から抜け出せない

私の会社の過去の業績を振り返ってみると、34年目までにトータルで８００億円の売上があり、１００億円の経常利益がありました。一方で新規分野への進出なども行ったため設備投資は２００億円となっています。償却も１２０億円実施していますが、固定資産も流動資産も増えますので、銀行からの借金に頼るほかはありません。それを返済するのでたいへん苦労しているわけです。とにかく、この設備投資に力を集中してきたことは確かです。

設備投資はだいたい私が提案して、時には社内的に猛反対に遭うこともありました。１９９３年に竣工した試作工場としての市川研究所などは、多くの社員から建設をやめてくれと言われました。まだ会社経営も波に乗り切れていない時期にそのような施設をつくっては会社がつぶれてしまうというのです。しかし、私は数年掛けて綿密な計画を立て、資金調達にも成功したうえで提案をしていました。彼らがその話を聞いただけですぐさま反対しているのとは訳が違います。そこで説得しても分かってくれないと思ったので、強引に突破するほかありませんでした。

完成した市川研究所に行きたい社員を募集したところ、誰も応募しません。そこはだめだと思っていたのだと考えられます。

しかし、私は十分に元が取れると計算していたのです。新しい研究所は岩岡工場より広いし、設備も最新式になりますし、多くの仕事が可能となります。仕事をどんどんこなしていけば利益も出ます。そこで働く人の出世も早い。そうなると、反対はなくなりました。ここまでくれば大成功です。その8年後に出雲工場も開設しましたが、今度は多くの社員が手を挙げました。一度実績をつくると信用されるのです。説明するよりも具体的な実績を上げていったほうが考え方も変わりますし、その変化も早いようです。

製造会社の場合は一つの箱から次の箱へ移るには約10倍の規模にする必要があります。設備投資にも多額の資金が必要になりますし、人材確保とかその教育も大変なことになります。その間には大震災やバブルの崩壊、リーマン・ショック、局地戦争などの予想外のことも起こります。時間を味方につけて確実に前に進めるほかはありません。

まず、他社と同じようなことをしていては今の箱からは抜け出せないと思いました。そのうえで何をやるか、どこにターゲットを絞るか、そのことはじっくりと考えたものです。

我々が零細企業から中小企業の箱に移るときは、東京と神戸に営業部を開設し顧客サービスの向上を図り、零細企業的な発想を取り除きました。

また、顧客は研究―試作―生産の流れのなかで仕事をされ、その一部の研究分野を我々に委託されているのです。受託研究が終われば我々は失業するので次のテーマを探さなければなりません。我々は常に自転車操業となっているのです。大変な設備投資と人材投資が必要ですが受託試作まで進めれば、引き続き仕事を続けられます。受託生産まで進められれば取引金額も大きくなり5年や10年の単位で仕事にありつけます。

機能性材料分野で受託試作事業と受託生産事業に乗りだすことにしました。ここへの参入には、何カ所もの自前の工場を建設するための巨額の投資が必要となります。新規分野は受託研究と比べて大きな付加価値がある分野ではありますが、巨額の設備投資がのし掛かるわけです。それでもやるしかありません。

第5章

70歳を超えて挑んだ上場への道
次の世代へバトンをつなぐことが、社長としての最後の務め

社員の自己研鑽とスキルアップのための施策

私たちの会社は研究開発会社であり、会社の発展は社員の知識と知恵、独創性に懸かっています。それをサポートしていくための設備投資であり、あくまで基本は人にあるのです。

私たちも広くは受託産業と呼ばれている仕事をしていて、なかには受託研究、受託開発、受託生産などがあり、それぞれ手法が異なっています。また、前臨床薬や治験薬、ペプチドのサンプル、核酸のサンプルなど扱う製品も多く、それぞれに専門の受託会社が存在しているのです。

そうした依頼に対して私たちは最高の技術者をそろえて、設備も分析装置も注文主である会社と同じレベルの質を用意して対応しているため、コスト面では安くすることはできません。

依頼された仕事の見積もり段階で数社の競合となることもあります。研究部発注ではなく資材部の発注となると最も安い見積もりを出したところに決まることが多いのです。技術を評価するのではなく、あくまで価格が優先されるためですが、こうした場合に撤退することもやむを得ないことです。もちろん、初めは見積もりの最も安いところに発注していたものの、数年後に相見積もりはしないという条件で取引が再開されたこともあります。研究開発業務では価格よりも技術が優先されるべきです。我々の主義が認められ、うれしくなりました。化学分野での研究開発は技術レベルが高くなければ意味がないと、私たちは考えています。そのために技術レベルの強化を心掛けてきたわけです。それを社内的にも徹底させるような工夫もしてきました。

創業時3人でスタートした頃ならば互いの能力は知り尽くしていましたし、それぞれが学ぶことに貪欲でしたので能力アップなどをあえて考える必要はありませんでした。その後、社員が増えていっても、それほど能力については心配していなかったのです。しかし、社員が数十人になると、能力アップが会社の成長にそのまま結びつきますし、社員不足の事態にも対応できるはずなのです。その努力を怠ると一気に会社の発展のための推進力も落ちてしまいます。また、社員一人ひとりのことを考えると、景気の動向によっては研究職でも雇用の継続は重大問題です。特に一部上場企業でも研究職の希望退職を募るという事態が起きていましたので、研究職受難の時代もすぐそこまできている予感がありました。

そこで私たちは２００１年６月から「プロ社員養成制度」という施策を始めました。これは資金的に支援することによって、社員それぞれが自己研鑽に励んでもらうための施策です。自主的参加でしたが、ほぼ全社員が参加し、語学、化学、特許や財務という関心のある分野について学び始めました。表彰制度も始め、励みにしてもらっています。この計画により弁理士の資格を取ったり博士コースに入学し研究を極めたり、なかには大学の准教授に採用されて退職する人もいました。もちろん、新たな船出に対しては気持ちよく送り出すことにしています。計画は社員のスキルがアップしていくことが目標ですから、どのような形にせよ成長していくことが大切なのです。退職した人が時折会社を訪れて近況を伝えてくれることもありますが、それも楽しいひとときになっています。

特に私の会社の主力でもある研究員に能力をいかんなく発揮してもらうため、

2002年4月から増えてきたFTE契約での受託研究に専心できるようにしました。FTE契約とはFull Time Equivalentの略で、相手企業から依頼された研究に期間を限定して専従するという働き方です。この方法だと初めの契約ですべてが決められているので、細かな見積もりは作らなくてよくなり、落ちついて研究にあたることができます。相手企業も一つの研究テーマが終わるまで任せられるので安心して見ていられるわけです。以前は受託の依頼内容によって仕事を分割して発注する傾向にありました。技術漏洩防止の意味もあったのだと思いますが、これでは開発のスピードが遅くなってしまい、さらに仕事の効率も悪くなり無駄な経費も掛かってしまいます。そこで委託先の集約化が進められ、研究部門にしても一定期間に一つの会社に全面的に依頼したり、あるいは研究から開発、そして生産までを一社に発注したりすることも増えていったのです。こうした動きは今後も増えていくはずです。私の会社も多いときには25人程度がFTE契約で、主に製薬会社の研究に専念していました。ただ、FTE契約は景気の動向によって企業が研究投資を縮小するケースもあり、契約そのものも見直されてしまいます。そうした需要の波はありますが、私の会社の研究員の力量が評価される働き方の一つだろうと思っています。

ＦＴＥ契約を始めたのと同時期にＩＳＯ９００１、そしてＩＳＯ１４００１の認証も取得しました。ＩＳＯ９００１は私の会社の提供する製品やサービスの品質に関するマネジメントシステムが、またＩＳＯ１４００１は持続可能性を軸とした環境マネジメントシステムがＩＳＯ規格に適合していると認められたのです。すぐに効果の出るようなことではありませんが、安全面や環境面での社員の意識は確実に向上しつつあるようです。

会社発展のために受託生産を目指す

会社としての発展を考えると、人材の育成とともに業務内容の付加価値を増加させる努力もしなくてはなりません。発展を考えなければそのときに行っているビジネスを守るだけで構いませんが、それでは必ず組織は衰退していってしまいます。発展を考えるならどうやって売上高を増やしていくかを常に念頭におくべきであり、そのためには付加価値を創り出し増加させていくことが重要です。

私が目標としたのは受託研究から受託開発、そして受託生産という方向でした。そもそも試薬のサンプル合成からスタートしたのですが、やがて機能性材料に関する受託研究の依頼が増えていきました。私たちの専門とする有機合成化合物の用途は幅広いものの、受託研究にもち込まれるものは最先端分野が主になり、液晶の材料であるとか記憶媒体、有機ＥＬ材料、有機半導体、太陽電池などのエネルギー変換材料などがあります。

研究開発によって良い材料が見つかると試作に入り、１キロ単位での試作製品を作ることになります。この段階では本格的な品質管理が求められるので研究室では行えません。試作製品を作れるだけのラインを備えた工場建設が必要になります。また、製品分析用の高度な設備も必要となります。試作が成功すると今度は10キロから１００キロ単位での本格的な生産が求められることになるのです。こうした要請に応えられることがまさに付加価値の創出につながるといえます。創業3年後につくった岩岡工場やバブル崩壊の不況時になんとか開設した市川研究所などはそのための布石でもあり、設備を充実させることで受託試作、そして少量の受託生産も可能となりました。

ここから本格的な機能性材料の受託生産に移るには、もう一段階アップする必要があります。そのためには今までの工場では対応しきれないので新たな工場建設を考えなくてはなりません。建設地を兵庫県と岡山県を中心に探しましたが、価格面と排水処理面で問題があり、なかなか決まりませんでした。

そのようなときに出雲市と地域振興整備公団から長浜工業団地への勧誘があったのです。排水処理面は十分に満たされていました。価格面では補助金と行政からの支援体制もあり、なんとかなりそうでした。そして出雲地方といえば、前の会社で工業高校の卒業生を対象とした求人募集のために飛び回っていた地域です。そのために土地勘もありましたし、懐かしさもありました。そうした思いもあり、約9200平方メートルの土地を購入して工場建設に踏み切ったのです。

工場の竣工式は2001年4月で、当時の出雲市長も出席し華々しくスタートを切ることができました。これは第一期工事であり、第一工場、事務所棟、危険物倉庫、一般倉庫などがつくられて、9人の社員が配置されました。

もう一つ、神戸の本社内にも工場を建設し、化成品部を中心とした拠点としました。こうして出雲工場と神戸工場とによって本格的な機能性材料の受託生産へと踏み切っていったのです。

化学会社の発展にはどうしても巨額の設備投資が必要であり、私の会社のように収益を上げながら銀行の融資を受けて付加価値を増加させていくには時間が掛かってしまいます。しかし、そうした時間も計画に組み込んでいくことが大切で、そのことで着実な歩みが可能となっていくのだと思います。あまりに急いでも仕方がありません、かといって立ち止まっていては発展することはできません。倦《う》まず弛《たゆ》まずに進み続けることがより大きく成長する秘訣であると思っています。

海外進出に向けた挑戦

さまざまな試みをしてきたなかには、うまくいかずに撤退を余儀なくされたものもあります。例えば、海外進出もその一つです。

２００3年、中国とアメリカにそれぞれ子会社をつくりました。当時、中国関係に強く中国に化学会社を2社もっている人が株主にいて、彼らは私たちと合弁会社をつくらないかともち掛けてきたのです。その頃の中国の人件費は月給が日本円で1万円から2万円であり、人件費がかなり安く抑えられるのでビジネスとして成立すると考えました。私の会社は中国進出の経験がないため、その株主が51パーセント、私の会社が49パーセントという資本構成で会社を成立しようとしたのです。ところが、その株主の資金力が脆弱であったため、補填のために彼らが所有する日本法人の経営譲渡の話がもち上がり、私の会社が日本法人を買収することで資本金の問題を解決し、合弁会社を設立することができました。

そして、中国の江蘇省の約1万４０００坪の工業団地に化学工場を建て、そこで化成品や医薬中間体の研究と生産を開始しました。

同じ時期に、すでに稼働していたグローバルケミカルチームを海外営業部に昇格させました。アメリカ在住の人からアメリカでの会社設立の提案があったため、サンディエゴ市に子会社を設立したのです。ここでは主にアメリカでの情報収集と顧客サービスを目的として、将来的な事業拡大を視野に入れて活動を開始しました。

中国の会社は40人ほどが働いていて、アメリカは4人です。中国の会社は製造会社できちんと稼働していましたが、当時の中国は化学工場の大きな事故が起きて人が亡くなったり、あるいは公害が社会問題化されたりして、化学工場には風当たりが強くなっていました。いくつかの工場はビジネスそのものを停止させられたりしていたのです。石油化学の工業団地に進出していたのですが、省令で医薬中間体の製造も禁止されました。なんとか既得権で操業を続けていましたが、受注も減り赤字が続いてやっていけなくなりました。それで解散することにしたのです。

アメリカのほうは社長の病気が発覚し、続行が不可能になりました。代わりの人材も見つからないので、残念ながら解散としました。

中国の工場の売却は地方政府の協力も得られ、社員にも納得してもらえて撤退はスムーズに進みました。宮内専務（現　会長）や関係者の努力には感謝しています。アメリカの会社の撤退もアメリカ人に解散の理由と彼らの処遇について説明するとすぐに納得してくれました。中国の社員が研究開発会社を設立して起業したので、分析装置の一部を寄付しました。中国人もアメリカ人も理屈が通ればそれで仕方がないという合理性があるのだと思いました。むしろアメリカの日本人社員2人が最後まで反発していました。日本人は理屈よりもごね得の感情が先に立つようです。

中国の工場の1万4000坪の土地は中国で地価の高騰が起きていて、5倍ほどに値上がりしていたのです。全体的な収支としては少しのマイナスで済みました。中国と日本との活力の差を感じます。

アメリカでは核酸医薬分野の開発が活発化し始めているので、社長が健在ならば、私の会社との連携の機会があったと思われるので残念です。いずれにしても海外進出は国内での会社経営とは色合いを異にすることだけは確かであり、我々の経験不足が露呈しました。

受託研究分野の拡大とリーマン・ショック

20周年を迎える頃には、機能性材料については受託生産まで賄える技術と設備を備えることができました。私は、さらに将来的にはゲノム創薬、抗体製薬、バイオテクノロジーといった分野に乗り遅れないようにすることも大事だろうと考えていました。特にバイオは経験の少ない分野です。しかし21世紀はバイオの時代だろうといわれていたこともあり、また私個人の技術者としての関心も高かったため、ぜひとも参入したい分野だと狙いを定めていました。

２００５年3月、出雲工場が島根県知事から待望の医薬品製造許可を取得しており、いよいよ本格的に医薬品の受託生産、さらには研究開発にも乗りだすことになったわけです。また、同年に神戸ハイテクパーク内にあるグラクソ・スミスクライン社の旧研究所を購入して新規事業の基地としました。なお、グラクソ・スミスクライン社というのはイギリスのロンドンに本社をもつグローバル製薬会社です。面積は約１万

7800平方メートルで、KNCバイオリサーチセンターを開設して核酸チーム、ペプチドチーム、分離精製チームの拠点とし、翌年に生命工学チーム、合成研究室と遺伝子組み換え研究室も併設しました。そして各種の培養釜も設置して研究や分析の設備も強化したのです。

バイオに関しては、2006年7月に日本女子大学の研究室に社員を派遣しました。ここでは海洋バイオテクノロジーの研究を行っていて、のちに研究員は釜石にある海洋バイオテクノロジー研究所に移りました。未利用の海洋生物資源の活用方法を研究し、新たな産業の創出につなげていくことを目的とした組織です。かつての通商産業省（現在の経済産業省）のプロジェクトとも深く関わっていたため、新産業の開拓ができるのではないかと希望も掲げていました。しかし、なかなか具体的な成果が得られなかったのは私たちが力不足であったためだと思います。

こうして医薬品やバイオ分野への進出を果たそうとしていた2008年、突如として日本経済を揺るがす大きな波が襲い掛かってきました。アメリカの大手証券会社であるリーマン・ブラザーズの倒産に端を発した世界的大不況の波です。アメリカでは

1990年代から低所得層向けのサブプライムローンというローンが流行り、いわゆる住宅バブルの状態に陥っていたのです。バブルは必ず弾けるのですが、案の定、住宅バブルも弾けてしまい、サブプライムローンは不良債権化してしまいました。これだけだとアメリカの住宅ローンの不良債権が大量発生したということで収束したのでしょうが、リーマン・ブラザーズはサブプライムローン債権をほかの金融派生商品とともに証券化し販売していたのです。なにしろバブルですからどんどん高利回りになると思い、この証券が世界的に広まっていました。バブルの崩壊とともにリーマン・ブラザーズの経営も破綻し、世界中の金融機関にも飛び火したのがリーマン・ショックです。

日本への影響は、アメリカ経済が一気に低迷し始めたためにドルが売られて極端な円高となったのです。1ドル80円台という時期もあり、輸出産業が大きな打撃を受けます。株価も落ち込みました。さらには金融、不動産、製造業への影響も大きく、多くの派遣社員などが契約を切られていったのもこの時期です。

私の会社のような小規模の研究開発会社まで波は及ばないだろうと考えていました

が、そうはいきませんでした。得意先の化学業界、電器業界には大きな影響が出てきて、そうした企業内の研究部も打撃を受けたのです。研究員の大量リストラが行われ始めました。研究員のリストラが起こると外部への委託業務をやめて社内で行うようになっていきます。それは当然の動きであり、外部の会社に委託しておきながら自社の研究員のリストラはできません。委託研究は大幅に減少しましたし、FTE契約による委託研究はほぼ全滅状態となりました。

2009年6月には業績悪化による非常事態宣言を発令し、販売計画も下方修正したのです。宣言中は経営戦略を発展から守りへとシフトし、当分の間の設備投資の凍結、経費削減に取り組みました。

こうした取り組みは会社が一丸で取り組まなければ意味を成しません。そこで社員説明会を催して、現状の報告とさらに給与とボーナスのカットもお願いしました。そのうえで、もし喫緊の支払いなどのある人は言ってくれれば給与カットはせずに支払うということも伝えました。確か、1人だけ申し出たと思います。

私の会社には労働組合がありません。つくりたいと申請が出たこともあったのですが、私自身が労働組合長の立場になって経営できれば、わざわざ組合をつくる必要はないという考えに至ったのです。私としては社員との関係は悪くなかったと思っていたのですが、社員から見るとどうだったかは分かりません。ただ、給与についての文句を聞いたことはなかったのです。しかし、あれだけ景気が悪くなると背に腹は代えられません。それで給与と賞与の減額をお願いしたわけです。サラリーマン時代に経験した経費削減活動が役に立ちました。その後、景気回復時には、削減給与などは返還しています。

実際に売上高は前の第25期よりも14億4000万円も低下しました。ただ、経費削減によって損益分岐点を5億円ほど下げることに成功したため、売上高が低下してもなんとか1億円の黒字で乗り越えられたのです。黒字となったため2010年3月には緊急事態宣言を解除し、社員の給与も復元することができました。

長引く不況への対策

私の会社には親会社がなく、自主独立で運営してきました。そのため、経営危機に対する対策はいろいろと考えていました。それまで不況対策を実施する機会がなかったのですが、このリーマン・ショックにあたっては緊急事態宣言なども含めて対策案を総動員することによって、なんとか乗り切ることができました。

特に、リーマン・ショックの起きる寸前までは徹底した拡大路線を進めてきましたので、不況になり新たな設備投資などは凍結したものの、それ以前にスタートしていた案件は継続せざるを得ませんでした。そこは苦しいけれどとにかく中止しないで完成まで頑張り続けたものです。

例えば出雲工場では第二工場の竣工式を2009年10月に実施しました。出雲市の副市長や島根県の商工労働部長などを招いてのことです。第一工場を医薬部に、この第二工場を精密化学部に分割する予定での建設計画だったのです。工場の専門化によって生産体制の合理化が容易になり、医薬品のGMP管理も強化されることになりました。

このようにメリットの多い工場であるため、あえて苦しいなかでの建設継続、そして開設であったのです。

同様に人材面でも不況対策を講じていきました。不況によって受注数が大幅に減り、多くの研究員が手持ち無沙汰となっていました。そうした人たちのため自分たちで自分たちの仕事をつくることを目的とした開発室を開設しました。社内から12人を選び、4人ずつ3グループに分けてバイオ商品開発室、機能材料開発室、医薬開発室に配置して業務をスタートさせました。医薬開発室はCDMO研究所へと成長してのちの医薬事業部を支えることになります（CDMOとは製薬会社に向けた医薬品の受託開発から製造までの全体的なサービスを提供する事業）。ただ、ほかの2つの部署はそこまでの成果を上げることができず、解体してしまいました。これについては、不況対策の一つと位置付けておきながら社長として明確なビジョンを提示できなかったせいだとも思っています。新しいことを始め、軌道に乗せるというのはそうそう簡単なことではないと改めて痛感しました。

リーマン・ショックは7年ほども尾を引いたのですが、実はそれと並行して医薬業界の2010年問題も降り掛かってきたのです。これは大型医薬品の特許切れが2010年前後に相次ぐため、製薬会社は対応していかねばならないという問題です。医薬品の特許が切れると、ほかの製薬会社がいわゆるジェネリック医薬品（後発医薬品）として同じ製造方法によって製造し販売できるわけですから、そうなれば先発医薬品を販売していたメーカーの利益は減少してしまいます。

2010年問題といわれていますが、実際には2009年頃から外注の締め出しが始まっていて、リーマン・ショックとの連打により私たちのような受託産業まで巻き込んだ不況はかなり長引きました。

2011年3月までの第27期の売上高は、その前よりもさらに悪化しました。その前期より3億円少ない32・3億円です。税理士からは絶対に赤字は出すなと注意されていましたが、粉飾決算はご法度なので、創業してから初めて8000万円の経常赤字を決断しました。

第27期には日本の子会社（大地化成株式会社）が一部上場の大手薬品会社に売却されることになったのです。一部上場の優良企業ですから子会社の社員にも喜ばれ、円満な売却となりました。この売却によって経常赤字は埋められて、純利益１４７万円が出たのです。若干でしたが、なんとか赤字経営は避けられたことになります。

会社を経営していて、この２０１０年前後は不況によって実際の売上高は減っていました。それで設備投資は減らしていくと償却の比率が増えることになります。かつて私が在籍していた会社が徹底した経費削減で、むしろ黒字幅を大きくしていったようなものです。償却が設備投資より多くなると固定資産は減少します。また、売上高が減ると在庫も減ってきますので流動資産も減ってきます。設備とか在庫が現金に変わるので景気は悪く売上も伸びないのにお金の余裕は出てくるわけです。余剰金が増えるので、借金を返済できるのです。

そこでこの機会に借入金を減らそうと10億円を返済し、創業以来目標としていた自己資本比率は50パーセントを達成することができました。発展しているときには設備投資をどんどん行うため、とても自己資本比率は5割に届かなかったのです。次の第

28期も借入金を返済しましたから、不況のときでも対応の仕方があるのです。倒産は資金繰りができなくなって倒産します。不況で赤字でも、裕福な資金があれば倒産はしないのです。私の会社は不況でも銀行からの借入金を大量に返済しましたので、銀行の信頼を取り戻すことができ、第28期は経常利益4・5億円の黒字となり苦境を克服できました。

とはいっても、やはり赤字決算を計上すると、格付け会社による評点は大幅に低下しました。民間の信用調査機関帝国データバンクは61点から53点に、東京商工リサーチは62点から58点に、リスクモンスターはB評価からD評価に低下し、これらの点数が取引にも影響してきます。顧客の2社から直接取引が中止され、重要顧客の1社からは苦情と厳重注意を受けました。銀行は銀行で倒産の危機があるのかと勘ぐられて、警戒されてしまいます。取引銀行の一つからは四半期ごとの経営レポートの提出を求められました。

税理士の言っていた、たとえ不況時であっても絶対に経常赤字は出すなという戒めは、こうしたことが起きるのを予見してのことだったのです。ただ、私としても粉飾決算になるかもしれない方法は取りたくなかったので、赤字になってしまいました。私たちも不況対策は十分に立案して経営をしてきました。自らの不況対策が正しかったことは証明できたのです。

東日本大震災の影響

２０１０年問題が製薬会社につながる私たちの会社にも多大な影響を及ぼしていた最中の翌年3月11日、東日本大震災が発生しました。自然災害としては未曽有の被害をもたらしたことはいまだに記憶に鮮明に残っています。死者・行方不明者が2万人を超え、故郷を失った人たちも大勢いました。阪神・淡路大震災では神戸市はいろんな企業から支援を受けています。東日本大震災では私たちが被災した人たちの役に立ちたいと思い、兵庫県が募集した義援金に会社と社員分を合わせて応募しました。経営状況は悪い時期でしたが、社員は賛同してくれました。

一方で、東日本大震災によって東北地方などの製造現場が打撃を受け、多くの製品の供給が滞っていました。そうした製品の受注が緊急案件として私の会社にももち込まれ、機能性材料関係で4億円ほど、治験薬関連で3億円ほどの仕事が舞い込み、対応することになりました。被災した人たちの苦しさを感じながら、私たちもまた不況を脱しようと頑張る思いに駆られたものです。

不況時の苦しいなかでも計画中の工場建設などを敢行していたことが、少しずつですが効果を見せ始めました。まず、大震災の翌年あたりからエレクトロニクス関連材料の受託生産が増加し、出雲第二工場がフル操業状態となります。また、この年の秋には神戸大学と共同開発中の新規抗がん剤候補化合物に関して、大日本住友製薬に導出し、マイルストーン契約による一時金を受け取りました。私の会社としてはこれが創薬の導出第一号です。

ほかにもKNCバイオリサーチセンター内にタンパク質精製試作室を開設、同時に遺伝子組み換え微生物からのタンパク質精製設備も導入しました。バイオ関連では神戸大学に4人の研究員を派遣して遺伝子組み換えや遺伝子編集の研究に参加させていきます。そしてジェネリック向けの治験薬生産もスタートしたのです。

このように会社の状態に少しずつ回復の兆しが見えてきたため、これまでカットしていた賃金分を夏のボーナス時に返済することもできました。そろそろ発展のための設備投資も本格化させ、出雲第一工場に医薬品原薬精製・粉砕設備棟を竣工しました。

そして、２０１４年にいよいよ上場のための準備を始めることになったのです。

30周年を機に上場を実現させようと決意

上場するのには準備期間として３年は掛かると聞いていたため、とりあえず３年後の２０１７年を目標とすることにしました。

上場することを考えたのはそれほど前ではありません。多くの会社が創業から30年ぐらい掛けて上場しているということを聞き、私の会社もそろそろ30周年を迎えるので、チャンスがあれば上場したいなと思った、その程度のことでした。調べてみると、なにも30年経ったからといっていつでも上場できるわけではありません。会社の状況と社会情勢を見ながら準備を進めていって、初めて上場ができるのです。

もちろん起業した頃は上場など考えもしていませんでした。少しずつですが会社も発展してきて、それなりの大きさになりました。ただ、私には会社を継がせる人がいません。息子には障害がありますし、娘にしても興味がないようでした。それよりも、私が父から後を継ぐよう圧力を受けた苦い経験から、あまり親が子どもの将来像を押しつけるようなこともしたくなかったのです。その圧力をはねのけるのにどれだけ苦労することになるかは身をもって知っています。会社にとっても、そのような後継者選びはあまり良いことではないというのは、いろいろな会社の実情を見ていて分かっていました。経営の安定などを考えていくと個人の経営よりも公的な形、つまり上場したほうがいいように思えてきました。特に70歳を超えてからその思いが強くなり、チャンスがあれば挑戦してみたいと考えていたのです。

最近ではお金儲け目的のために上場する会社もありますが、私としてはこの会社を立派な企業にしたい、社員が辞めない企業をつくりたいという願いから上場を考え始めました。ですから、是が非でも上場させるということではなく態勢が整って機が熟したら、というふうに考えていました。

そうはいっても漠然と待っているだけで上場できるわけではありません。それ相応の準備も始めました。まず、上場のためのショートレビューを受けた2014年1月20日をキックオフとして、アドバイスを受けることにしたのです。証券会社や東証からは、私の会社は規模も大きく社歴も長いのでジャスダックか東証二部への上場はどうかとも提案されました。しかし、私たちは創業からの経営方針として発展を掲げてきたので高い成長性を上げているマザーズと方針が一致するため、ぜひマザーズでの上場を、とお願いしたのです。それが快く受け入れてもらえて、上場へ向けて発進することになりました。

まず、優秀な公認会計士を顧問に採用して上場体制を構築することにしました。ほかにも経営企画室、内部監査室、監査役、社外取締役などの増員をして、社内体制を整えました。10人ほどは上場のために採用しました。

社員の働き方については研究所が研究員任せにすると働き過ぎるケースもありました。どうしても夜遅くまで熱中してしまうのです。前の勤め先では私もそうでした。

研究というのは途中で切り上げるということがなかなかできずに徹夜になることも多々あったものです。ほとんど連日、終電に近い時間まで会社に残っていました。今ではこのような働き方はさせませんが、普通に午前9時から午後5時までの勤務というようにはいかないのが研究の部署なので仕事の仕方も工夫しなくてはならず、体制が追いついていませんでした。

化学会社では安全操業が最も大切なことで、公害防止、事故防止に全力で取り組んできました。そのために毎月、安全会議を開催して対策を議論してやってきました。小さなトラブルでも報告を義務づけています。オープンにすることにより対策も立てられます。幸い、前の会社での8年に及ぶ製造課時代も、私の会社での約34年間は大きな事故もなく過ごせたのは本当にありがたいことです。

景気がもち直してくれれば3年で上場までいけたのでしょうが、キックオフになった年に不景気が襲ってきて、2度目の非常事態宣言を出さざるを得なくなりました。２０１４年の第31期は売上高予想43億円でスタートしながら上期が13億円にとどまり、再び大幅な経常赤字が予想されました。またしても人件費カットなど経費削減活動を余儀なくされ、社員には迷惑をかけてしまったのです。この頃までリーマン・ショックの影響があったようで、製薬、電器、化学分野の研究開発投資の縮小が続いていて、私の会社の業績を低迷させていました。ただ社員のリストラはしないようにと努めました。この第31期は下期に仕事が集中して入ってきたため売上が大きく伸び、経常利益2億円が確保されました。それで非常事態宣言も半年で解除することができたのです。それまでの給与カット分を夏のボーナスで返済しました。

証券会社などから、景気の悪いときに上場しても意味がないので1年延ばしたほうがいいと提案されました。景気の悪い時期だと会社の評価が低くなり、それではなんのために上場するのか分からないので、タイミングを見て上場申請をしようということになりました。

その後、リーマン・ショック、２０１０年問題と続いた苦しい時期も8年ほどでなんとか脱出できたようで、２０１６年8月にリーマン・ショック脱出宣言を行ったのです。初めて経験する不況の大波をかぶりながら、いろいろと模索しつつ会社の構造改革も進めてきました。特に受託研究から受託生産までを網羅したビジネスの構築には、汗を流しながら専心してきましたので、その成果が見えてきたことはとてもうれしく感じたものです。

２０１７年3月末の決算では2年続けての増収増益となり、さらには創業から初めて銀行からの新規借入金がゼロとなりました。これによって資金繰りに余裕ができたため、発展のための設備投資を考慮できるようになったのです。

この年の7月から証券会社による本格的な審査が開始され、そこで合格すれば東証への推薦がなされます。そして東証での審査に合格すれば、晴れて上場が承認されるわけです。予定どおりに進めば翌２０１８年3月には上場となります。

上場の達成、そして引退の決断

２０１７年11月、証券会社の審査を通ったため東証マザーズ市場に上場申請をしました。

翌年2月、マザーズ市場への上場申請が承認され、いよいよ上場日は3月15日と決まったのです。これに先駆けて上場時の価格調整のために1対3の株式分割を実施しました。そして上場日の前日には発行株式数を772万200株としたので約37億円の入金があったのです。

そして上場の日、上場関連の儀式である五穀豊穣の鐘を鳴らしました。このときのことは、今もよく覚えています。本社には胡蝶蘭が多数届けられたり、お祝いの品や祝電なども届けられたりして、実に華やかな雰囲気に満たされていました。こうした雰囲気はめったにないので、終始喜びに浸っていました。

上場の際、これまで苦労をかけてきたという思いから社員全員に上場賞与を出しました。出すかどうか役員の間でも賛否両論だったのですが、私の一存で出すことに決めました。証券会社の人には、とても良いことだと言われたのです。この賞与も喜ばれましたが、上場そのものも社員は喜んでくれていたと思います。勤めているのが上場会社であるというのは、働くうえでの士気にも関わってくるはずです。

社長としての立場からいうと、上場はやはりうれしい出来事でしたが、同時に「やっと肩の荷が下りた」という気持ちもありました。これは上場の少し前ですが、会社の借金に対する個人保証が取り下げられていました。それが上場したとたんに無条件でなくなったわけですから、これは私の精神衛生的にも大きく影響しました。会社の30億円、40億円という借金を個人で保証するとなると、もしも倒産などしようものなら財産をすべて費やしても足りません。それこそ財産は取られて借金だけ残ってしまう、そういう事態に陥ってしまいかねないのです。その意味では創業社長というのは常に重責を抱えているものなのです。

私たちもベンチャー企業でしたが最近の上場する人たちとは会社への愛着の度合いが異なっているように感じます。最近の会社は投資家からお金を集めますが、私たちは銀行を頼りにしていました。お金を借りて経営しているという感覚があるため、会社のとらえ方も違ってくるのだと思います。もちろん、投資家からの多額の資金調達も社長は大きな責任を感じますので、同じことかもしれません。いずれにしても、社長は大きな責任を背負うことになります。

私などは、やはりこの会社を30年掛けて育て上げたという思いが強くあります。苦労もしましたが、多くの社員の助けを借りてここまできたわけです。3人で始めた会社がよくもここまで大きくなってくれた、そうした感慨深いものがありました。

そして、上場したあとには速やかに引退しようと決めていました。上場後初の株主総会で会長職に退いて、社長は部下の宮内に任せるつもりでいたのです。3年後にはその会長職も降りる予定を立て、それも実行しました。

この本を出版する時点で、私は81歳となりました。いくら元気だといっても確実に能力も体力も衰えています。自分でもそれを感じているのです。それならば後進に道を譲って、自分は第二の人生を歩みたいと考えるようになったのです。趣味として、植物の観察などに取り組んでみたいですし、若くてやる気のあるベンチャー企業に支援をしてみたいとも考えています。いずれにしても、残りの人生で私ができることといえばそれぐらいのものだと思います。

会社の経営を離れたら、すべて後輩に任さなければなりません。現役は現役で、失敗しながら学んでいくべきなのです。

老兵は消え去るのみです。自分のなかでは、なんとか理想的な形で身を退くことができたのではないかと思います。

おわりに

私の父は奈良県の農家に7人兄弟の長男として生まれ、尋常小学校を4年生で卒業後、兵庫県神戸市の米屋に丁稚奉公《でっち》（11歳）に出され、20歳のときに独立して米屋を開業した苦労人です。商売は繁盛しましたが戦争でコメは配給制度になりました。戦後に再度、燃料と食料品を扱う雑貨店を起業しました。

父は自身の体験から「学校の勉強などする必要はない。家の仕事を手伝っていればいい」という考えのもち主でした。私は父のこうした考えのもとで育てられたため、小学校5年生の頃から商売の手伝いをさせられることになったのです。主に配達ですが、二宮尊徳像のように背負子《しょいこ》で薪や炭を運んだものです。

母は宗教にはまり私たち子どもを教会に連れていき御社を拝ませます。ここに神様が居られて私たちを見守っていると説きます。子どもの私にはまったく理解できません。神様とは何か、神様はいるのか……そういったことを毎日考えるようになりました。自然界を支配するのは科学なので「科学が神ではないか」と思い始めました。小学校5年生のときに抱いた将来の夢は科学の研究者でした。

それまでの私はなんの夢もなく、ただ子どもながらに家業の手伝いをさせられ、勉強もせずに毎日を過ごしていたのです。家では良い子ですが学校では落ちこぼれの劣等生だったといえます。

これではダメだと思い、少しずつ授業をまともに聴くようになりました。すると、教科書に書かれていることを理解する喜びが少しずつ分かってきたのです。特に興味を引いたのが算数と理科でした。数式や理論で割り切れる世界に関心をもつようになります。しっかりと科学を学んで研究者になろうと決意したのです。

今になって思えば、それが私のなかに初めて自我が生じた瞬間だったのだと思います。自分の考えで物事を決めて歩んでいく、決して父の言いなりにはならない……そうした決意が、私にとって人生のスタート地点でもあったと感じています。

小学校5年生の頃から私には勉強と仕事の両立が求められるようになりました。この関係は大学まで続きました。

中学に入ると、私の努力も実を結ぶようになってきました。入学した中学は1学年が600人ほどもいるマンモス校です。期末テストの成績順位が100番まで職員室の前に貼り出されます。私は自分の成績を両親に報告はしませんが、公開されるので近所の子どもの成績は地域の評判になります。ひどい時代です。両親も私の成績を顧客から知るのです。両親は私のことをまったく勉強ができない子どもと信じていたので、びっくりしたようです。父は私の成績を顧客に自慢するので、そんな父を軽蔑していました。

中学生になっても父は変わらずに仕事を言いつけてきます。そんな父と正面から衝突したのが高校受験のときです。父は私に商業高校を受けるよう命じ、私は私で科学者になりたいという夢を叶えるためには進学校を受けるつもりでいました。家は金持ちだし、成績に問題はないし、私も家の手伝いをしていましたので権利もあると思っていました。

私を父の後継者にするためには商業高校へ進学させたかったのだと思います。しかし、私も簡単には折れません。これまでにないほど私が頑強に言い張るため、父は友人の中学校の先生に相談をしました。その先生は別の高校を推薦され、そこで一番になれば人生は変わると説得されました。変な理屈ですが、父は勝手に私の志望校をその日のうちに変更したのです。

私は爆発寸前でしたが、なすすべもなく受け入れました。入学後にすぐに柔道部に入部しました。父より強くなりたいという思いからです。配達で体を鍛えていたので、1年生の終わりには黒帯になりました。もちろん、暴力を行使したことはありませんし、柔道部では先輩や同級生に恵まれ、楽しい高校生活が送れました。そして私は高校で尊敬できる化学と生物の教師と出会い、それを機に大学では化学を専攻するようになったのです。

サラリーマン時代も経営者時代も忙しい時を過ごしました。周囲の人たちも私が忙しく働いていることを理解してくれていたかもしれません。

私は研究者への道を進みたいと思いながら、不思議なことに異なる道を歩んでいるのです。就職に際しても教授から3社の会社紹介と、博士コースに進むなら北大かMIT（マサチューセッツ工科大学）なら紹介状を書いてあげると言われていました。今思えば、なぜMITに行かなかったのかと悔やまれます。また、サラリーマン時代にも大学教授から助手にならないかという誘いの話もありました。あるときは金持ちの叔父さんから父と一緒に料亭に誘われ、ボウリング場の開設を計画しているので支配人にならないかと誘われたり、退職時には敵対した総務部長からも部長職（取締役）で残らないかと誘われたり、知り合いの会社5社から入社を求められたりもしました。しかし、いろいろな事情で現実的な道を選んだのです。

私は大変多忙な人生を送ってきましたが、周囲の人たちは温かく見守って、いろいろな応援をしてくれたように思います。43歳のときにたった3人で創業した会社は、いまや300人近い規模にまで発展させることができました。会社設立後にも多くの人にお世話になり順調に運営することができました。そのような人たちのおかげで私の人生は華やいだものになったと思います。

私の人生は忙しいものになりましたが、人生の転機は何度も訪れました。一度の人生は一つの道にしか進めませんが、私のモットーである「太く短く」のとおり、たくさんの転機に挑戦できすばらしい道を選べたと思っています。さまざまな仕事を経験することにより実力もつき、新しい仕事にも対応できたのだと思います。人生は一度しかありません。私は人生の終盤近くになりましたが、おかげさまで私なりに花を咲かせることができ、すばらしい人生を過ごせたと感じています。現在は障害をもちながらも心優しい長男と3人の家政婦さんに家事を手伝ってもらい、隠居生活を楽しんでいます。

最後になりますが、私の人生に携わってくれたすべての人に謝辞を送り、筆をおきたいと思います。

社員数・売上高・経常利益等の推移（第１期〜第36期）

	社員数（人）	売上高（百万円）	経常利益（百万円）	設備投資（百万円）	償却（百万円）	借入金（百万円）
第 1 期	3	27	▲2	6	1	7
第 2 期	6	86	6	2	2	11
第 3 期	8	164	30	4	3	27
第 4 期	10	189	11	31	8	37
第 5 期	16	276	16	12	11	48
第 6 期	24	449	80	47	17	119
第 7 期	27	487	72	65	30	109
第 8 期	32	509	27	18	30	94
第 9 期	36	488	28	10	31	213
第 10 期	41	661	96	46	54	187
第 11 期	47	624	12	37	54	165
第 12 期	54	1,004	239	229	63	166
第 13 期	69	1,182	184	238	95	217
第 14 期	75	1,176	30	334	137	404
第 15 期	80	1,137	39	21	139	505
第 16 期	77	1,288	105	117	148	522
第 17 期	87	1,494	91	631	276	939
第 18 期	95	1,807	278	423	246	955
第 19 期	113	2,527	700	927	286	1,205
第 20 期	119	1,944	555	1,139	335	1,821
第 21 期	135	3,304	379	1,616	503	2,700
第 22 期	148	3,109	119	563	513	2,584
第 23 期	170	3,781	556	323	424	2,092
第 24 期	195	4,377	708	1,066	583	2,691
第 25 期	209	4,976	687	1,330	735	2,272
第 26 期	214	3,534	100	972	725	3,318
第 27 期	209	3,227	▲80	246	528	2,273
第 28 期	206	3,899	451	359	498	1,851
第 29 期	206	3,805	238	1,251	849	1,986
第 30 期	209	4,004	282	1,044	668	2,539
第 31 期	212	3,811	217	1,869	697	3,978
第 32 期	216	4,541	410	1,534	1,270	4,052
第 33 期	237	4,768	740	509	1,008	3,237
第 34 期	254	6,312	1,208	885	975	2,257
第 35 期	270	6,290	1,285	2,111	755	978
第 36 期	285	6,348	645	1,954	803	1,428

※第１期は８カ月決算、第20期は６カ月決算。
※第20期までのリース費用は設備投資と償却に加算した。
※圧縮記帳は償却に加算した。

私達の目標

1. **私達は科学技術を基礎とし、良好な会社運営システムを構築して世の中に貢献できる仕事を行います。**

   技術立社とそれを支えるシステムを両輪として、適切な利益を生み出す優良企業を目指します。

2. **私達は社会に役立つ仕事を社業と致します。勿論社会悪は仕事と致しません。**

   生産過程で考えられる事故とか公害の防止に全力で対応致します。勿論、化学兵器とか麻薬、その他の社会悪に繋がる行為は仕事としません。

3. **私達は会社の発展をテーマとし、無理の無い範囲で会社を発展させます。**

   どうすれば安定的な発展ができるかを考え実行します。大きな失敗の無い範囲で革新と挑戦を大切にします。

4. **私達は私達の考えを受け入れていただける会社と共存共栄を図ります。**

   他社との共同研究、共同開発、合弁会社の設立等を通して幅広い連携を強めます。

5. **私達はこれらの目標を達成する為に、社会の公器として行動します。**

   会社は社会の一員として行動し、社員と共に優良企業を目指します。

1985年１月　設立当初の神戸天然物化学

現在の本社・神戸研究所

広瀬克利（ひろせ・かつとし）

1941年生まれ。関西学院大学入学後、理学研究科修士課程化学を専攻。日本テルペン化学株式会社を経て、1985年に神戸天然物化学株式会社を設立。有機化学品の研究・開発・生産ソリューション事業を展開し、2018年３月には東京証券取引所でマザーズに上場。1997年には筑波大学大学院農学研究科博士課程応用生物化学専攻に入学し、農学博士号を取得。2005年からの３年間、同大学で大学院の集中講義（２単位）を受け持ち生命産業分野で教鞭を執る。2021年に会長を退任し最高顧問に就任。著書に『食をプロデュースする匠たち』『最新 植物生理化学』『植物の多次元コミュニケーション』（いずれも大学教育出版、長谷川宏司氏と共著）がある。

本書についての
ご意見・ご感想はコチラ

大器晩成型キャリアのすゝめ
76歳で上場を果たした遅咲き社長

2023年12月14日　第1刷発行

著　者　　広瀬克利
発行人　　久保田貴幸

発行元　　株式会社 幻冬舎メディアコンサルティング
〒151-0051　東京都渋谷区千駄ヶ谷4-9-7
電話　03-5411-6440（編集）

発売元　　株式会社 幻冬舎
〒151-0051　東京都渋谷区千駄ヶ谷4-9-7
電話　03-5411-6222（営業）

印刷・製本　中央精版印刷株式会社
装　丁　　野口 萌
カバー写真　松井智子（KUSUNOKI apartment）

検印廃止

Printed in Japan
ISBN 978-4-344-94497-8 C0095
幻冬舎メディアコンサルティングＨＰ
https://www.gentosha-mc.com/